AF409048

Niña Pez
EDICIONES

Miranda, Pablo

   Mensajes escritos en los zócalos / Pablo Miranda. - 1a ed. - Ciudad Autónoma de Buenos Aires : Niña Pez Ediciones, 2020.

   114 p. ; 21 x 15 cm.

   ISBN 978-987-8426-19-8

   1. Narrativa Argentina. I. Título.

   CDD A863

Contacto del autor: pablomiranda66@hotmail.com

@lacriptacasares

Niña Pez Ediciones, Jessica Boianover

Contacto: NinaPezEdiciones@gmail.com

www.NinaPezEdiciones.com.ar

NiñaPezEdiciones

@NiñaPezEdiciones

Edición y diagramación de tapa e interiores: Jessica Boianover

Contacto: jessboia@gmail.com

Corrección: Mariana Kruk

Contacto: hastalaultimauva@gmail.com

Fotografía de portada: Hugo A. Lucini

Contacto: lucinihugo@gmail.com

@ lucinihugolacripta

Niña Pez
EDICIONES

Pablo Miranda

Mensajes escritos en los zócalos

A mis hijas, Lucía, Julieta, Agustina y Delfina; y a Gabriela, mi mujer.
Por ser cómplices y parte de mi locura.

—Tengo sacado el pasaje —dije—. Me voy mañana.
Mentí, sin saber por qué. Cuando terminé de hablar ya era cierto.
ABELARDO CASTILLO , "Crónica de un iniciado"

The error of Louis XIV was that he thought human nature would always
be the same. The result of his error was the French Revolution.
It was an admirable result.
OSCAR WILDE

Hay una sed de búsqueda, una pulsión recóndita que me lleva por
caminos ignotos; voy a ciegas, errante, algo despreocupado.
Sirvan estas páginas como vasto ejemplo de ese desconcierto.
PABLO MIRANDA

Los cuentos "Duerme Borges", "Continuidad de las sesiones", "Réquiem para un piano", "Acerca de las decisiones que se toman a último momento" y "Poetisa", fueron escritos en colaboración con Marcelo Valente.

I

Habrá sido allá por el setenta y pico, qué se yo. Fueron muchas mudanzas, la memoria a veces se sumerge en pantanos poblados de arenas movedizas. Pero supongo que fue en esa época, mamá ya liberada de Armando, sola, por fin, con nosotros. Siempre había algún amigo por allí, su belleza era un anzuelo con el que la mayoría de los hombres se enganchaba. Nos habíamos establecido en una casita chica, cerca de lo mis abuelos, en los límites de la ciudad. Mi hermana y yo teníamos la gimnasia incorporada con los cambios de colegio y compañeros, no nos hacíamos demasiado problema por esas cosas; además el presupuesto familiar no estaba para psicólogos y contenciones terapéuticas.

Eran otras épocas, claro que sí.

Recuerdo el pan con manteca y azúcar de las meriendas, las mañanas viendo dibujos animados, la negativa rotunda de los taxistas a traernos de vuelta por las noches (¡Pero le digo que eso es Capital Federal, no es la provincia, ignorante! les gritaba la vieja dando un portazo), las siestas bajo la sombra de los paraísos en el verano, y el rugir de los autos cuando había carreras en el autódromo.

La casa estaba ubicada cerca de la esquina, en una calle adoquinada con una pronunciada bajada; las calles laterales, de tierra aún, advertían que Buenos Aires todavía era una metrópoli joven, algo descuidada, caótica.

Con Edu nos hicimos amigos de inmediato. La amistad es una chispa que se inicia sin causa alguna, acaso predestinada por un hecho trivial.

Era verano, seguro que uno de esos cálidos días de enero donde la sombra de los árboles era insuficiente y uno debía pegar la cara contra las frías baldosas del patio para buscar un poco de fresco.

Yo salía de casa con una de esas bolsas plásticas que las madres denominaban "bolsa de compras" y un papel doblado con una larga lista de verdulería. Dos casas más allá, y cuando digo más allá digo más cerca de la esquina, salió Edu, con la misma bolsa. Nos miramos algo asombrados y empezamos a caminar en silencio hacia el mismo lugar. Antes de llegar a la esquina, rompió su mutismo:

—¿Sos el nuevo de la cuadra?

—Sí. —Le respondí—. Me llamo Daniel, —agregué levantando levemente la mano. Bajé la vista algo avergonzado por la bolsa y el mote con que todo barrio cataloga al recién llegado: "el nuevo".

—Soy Eduardo, pero todos me dicen Edu, —me dijo poniendo su mano en mi hombro y siguió: — Si vas para la verdulería, te acompaño. A mí también me toca hacer compras. Don Cosme es macanudo. Es italiano y no se le entiende un pepino cuando habla, ya vas a ver.

Bajamos la loma charlando de todo lo que pueden compartir dos preadolescentes: fútbol, el colegio, en qué puesto jugaba (¿Atajás? Pero sos medio petiso vos…), la tiranía de las madres durante el verano, el barrio.

Mi corta vida ya me había hecho un veterano experto en evitar temas familiares, por eso cuando, observador, me preguntó de qué laburaba mi viejo que nunca se lo veía en la casa, le contesté que de marino mercante, una de las vastas opciones que tenía dentro de un rico menú de mentiras solapadas. Épocas donde la opinión de las vecinas podía derrocar gobiernos, siempre había que caminar con delicadeza, sin llamar la atención.

Era unos meses más grande que yo en edad, pero bastante mayor en madurez. Me di cuenta enseguida, porque mientras yo todavía jugaba carreras con los autitos, poniendo masilla y una cuchara en la parte posterior de esos chasis de plástico para una mejor *performance*, él sin parpadear me preguntó:

—¿Tenés una hermana vos, no?

II

El *compact* va entrando lentamente, absorbido por el aparato que lo traga con lentitud en una danza de sutiles movimientos oscilantes, hasta que se pierde dentro de sus fauces.

En segundos, muy de lejos, casi arrimándose, va sonando el *funk*, pidiendo permiso para romper el silencio.

Patricia ensaya una queja, esta música otra vez, o algo por el estilo.

Está espléndida con su vestido negro, sus sandalias italianas, su olor a Patricia. Su mano acaricia mi pelo, como siempre, haciendo garabatos en mi nuca, grafías que a veces se encarga de representar verbalmente (¿No sentís? Te escribí te amo, sentí, me dice mientras dibuja con las uñas la te ascendente, la e, el espacio, y va deletreando letra por letra, haciendo su magia de amor, tan Patricia todos los días).

Yo conduzco algo incómodo porque la corbata es incompatible con cualquier posición de manejo; acomodo una y otra vez el trasero hasta que finalmente la libero, moviéndola de un lado a otro, sacándola del abrazo mortal e inercial del cinturón de seguridad. Ella vuelve a acariciar mi nuca, mueve sus pies al compás de la música, pregunta si no será mucho como estoy vestida; yo subo un poco el volumen mientras deslizo el auto por la autopista a más de ciento cincuenta y le digo que no, que está hermosa, que siempre está bellísima para mis ojos, y aunque investiga mis reacciones con una mueca de no te creo nada, yo sé que para mí (¿ella lo sabe?), siempre va a ser la más linda de la fiesta, de todas las fiestas.

—¿Te acordás algo de este barrio, amor? —me pregunta una vez que dejamos la autopista atrás.

Yo miro a ambos lados de la ventanilla y hago un repaso mental de fotografías tomadas muchos años atrás: la iglesia está igual, con ese atrio ancho y amurallado. El cine es ahora una casa de electrodomésticos, y la pizzería de la esquina, frente a la estación de tren, tiene algún retoque cosmético de pintura y carteles publicitarios de una cerveza. Pero puertas adentro, el tiempo aquí se ha detenido.

—Amor, ¿te perdiste?, —me pregunta devolviéndome al presente.

—No, miro las calles y me doy cuenta de que cambiaron casi todas de nombre.

—Qué oscuro… ¿Sabés dónde queda el salón?

—Confiá en mí. —Le digo y veo en la esquina la peluquería donde me cortaba el pelo con la misma fachada setentosa de aquellos años—. Faltan dos cuadras.

Ella me acaricia. Sonríe.

—Confiá en mí.

III

Desde temprana edad manifesté una profunda y dedicada admiración hacia la torpeza, en todas sus formas. Ese tributo y mi abnegación, me convirtieron en tiempo récord en una de las personas más torpes del mundo, lo que no deja de ser una paradoja porque soy cirujano; pero el trabajo es el trabajo y allí la torpeza queda encerrada y derrotada por la experiencia: tanto va el cántaro a la fuente. El hecho es que cualquier vehículo de dos ruedas ha sido, y lo es aún para mí, un verdadero jeroglífico, un enigma todavía indescifrable. Tardé meses en conseguir subirme arriba de una bicicleta sin caerme. Otros tantos meses y puntos de sutura en sacar las auxiliadoras rueditas, que para mí eran casi el sostén del universo.

Nunca, jamás, intenté andar en bici sin las manos; todavía me pregunto cómo es que hacen esos chicos, algunos de siete u ocho años, para soltar el manubrio de manera inconsciente, casi suicida, canchereándole a la muerte, y andar así, a toda velocidad, lo más campantes, sin tener el piso como destino final.

Es, por lejos, mucho más fácil sacar una vesícula biliar, al fin y al cabo.

Edu era un *crack* con estos endemoniados vehículos. El tipo se tiraba barranca abajo, pedaleando frenéticamente en los primeros metros, después aflojaba y soltaba los pedales en el pico de la bajada, tiraba el manubrio para atrás y daba vueltas en el aire hasta volver a caer, pedaleando otra vez, enterito y sin un rasguño, sobre el asfalto. Soltaba sus manos en el saludo triunfal, sobrador, experto.

Sabedor de que nadie lo podía empardar, y viendo cómo mi hermana se rompía las manos aplaudiéndolo, una tarde de sábado le dije que me enseñara sus trucos.

No hubo caso.

Tras el primer intento, tres puntos de sutura en cuero cabelludo y raspones múltiples en rodillas y codos. Y un reto de la vieja que duró como dos meses.

Para el segundo intento, ya recuperado física, anímica y psicológicamente, fractura de falange de anular derecho, tres puntos más de sutura, esta vez cerca del occipital, un molar temporario fracturado, y dos buenos chirlos de mi madre.

Estas entusiastas demostraciones de torpeza, sumadas a las vendas que ocasionalmente decoraban mi pelo, me valió en la vecindad el mote de Mate *Cosido*, que se extendió durante esos dos años de paraísos reparadores y estíos de vereda y bicicleta.

Eso sí, éramos bastante parejos en fútbol, él un diez habilidoso y encarador, yo un arquero suicida que se tiraba a los pies de cualquier atacante y vivía revolcado en el piso.

En posiciones antagonistas, nos sacábamos chispas a la hora de demostrar nuestros talentos.

Pero esa es otra historia.

IV

Me besa. Una y otra vez. No le importa el labial, ni despeinarse, si el vestido se arruga, si el maquillaje. Patricia no tiene moderación, gracias a Dios, y sabe que con un espejo y treinta segundos de tiempo se puede lucir increíble otra vez. Su falta de mesura me ha seducido desde que la conocí. Me acaricia y me dice otra vez que el barrio es muy oscuro.

—Ya lo sé, amor. Me desvío un par de cuadras, quiero mostrarte algo.

Me dice que sí, siempre me dice que sí. Mi pide un beso, le doy dos y saca la petaca de la guantera. Tomamos sorbitos tacaños de *Black Label* para entonarnos. Yo le digo, le repito, que odio las fiestas. Ella me mira con esos ojos que nunca me mintieron y al oído, estamos solos en el auto en un barrio callado y oscuro, me dice que la fiesta no es esta, que la fiesta es en casa dentro de unas horas.

Yo detengo el auto con oscuras intenciones, me frena y me dice:

—En casa —y levanta el tajo del vestido para que mi lujuria espíe esa mínima bombacha negra llena de *strass* y deseo.

Bajamos y le muestro la calle: la tierra y el empedrado son ahora cemento gris y pulcro, bien alisado y prolijo.

El local de la verdulería está con las persianas bajas, y pienso, y quiero pensar que sigue Don Cosme o sus hijos o los hijos de sus hijos despachando zanahorias y esos duraznos que nos hacía oler con la ñata bien pegada contra la piel áspera de la fruta. La bajada sigue allí, tan pronunciada como años atrás. No hay construcciones nuevas, el barrio permaneció así, resistente a cambalaches arquitectónicos: casas bajas, tipo americanas, con algún que otro *chalet* que rompe la monotonía; los paraísos tampoco han envejecido. Sus copas reciben esa pálida luz de los faroles que crean un efecto tan especial, de hojas que se iluminan y otras que permanecen en las sombras, tan verdes como aquellas.

Le cuento de los picados, de la bici y de los duraznos de Don Cosme.

Caminamos unos metros cuesta abajo, le señalo la casa, sin grandes cambios más que una capa de pintura rosada, pero con el mismo llamador de bronce, el timbre plástico, las rejas con el corazón en el medio. Me acaricia el pelo, me dice Kiki te amo.

—Tengo frío, volvamos —me dice.

—Volvamos.

V

Dos veranos después, vimos a mamá haciendo valijas otra vez.

Ya existían unos movimientos previos, un rumor que nos iba llegando de a poco, y, fundamentalmente, una actitud de su cuerpo y un cambio en su humor que nos advertía, nos convocaba a cerrar etapas sin demasiados cuestionamientos; vivíamos con mi hermana en un constante limbo donde infancia y adultez intercambiaban roles de manera inconmovible, y aceptábamos esto como otra aventura, sin resignación.

Aún hoy soy poco afecto a las despedidas, trato de irme de cualquier lugar en silencio, sin grandes aspavientos.

Todos somos prescindibles, decía mamá.

Procuré, entonces, hacer de aquella despedida algo insustancial, ligeramente frívolo. La verdad es que tenía la certeza de que no volveríamos jamás a ese barrio, y esperé hasta la llegada del camión de mudanzas para tocarle el timbre a Edu y saludarlo.

Mamá cargaba algunas bolsas de poco peso, mi hermana lloraba a moco tendido y Edu y yo, cara a cara, —su madre, discreta, se había retirado al comedor, no sin antes desearme "toda la suerte del mundo" —, tuvimos nuestros últimos minutos.

—Así que te vas, Mate *Cosido*... —abrió la charla mirando para abajo.

—Pará, che... que me mudo de barrio, no me voy a vivir a Canadá, —traté de desdramatizar.

—Mi maestro de sexto nos dijo una vez que cada mudanza es un velorio, seguido de un nacimiento. Edu miraba para abajo, moviendo los dedos de sus manos. A mí el cuadro me desgarraba, aún con tantos camiones de mudanza en mis espaldas. Y me afligía no por el traspaso de casa, sino porque llevaba dentro el olor del barrio, y a pesar de tantos y tantos saltos por destinos que aún hoy me cuesta recordar, cargaba en mi corazón las piedritas y los declives de esas calles de tierra, las carreras de autitos con mi Lotus negro, el color de las cortinas del almacén de la esquina, los ruleros de la piantada de enfrente, y su quietud, su inmensa y placentera quietud a toda hora. Yo sabía que iba a extrañar todo eso, y tal vez ese nuevo sentimiento, desconocido y reparador, me impedía disimular como tantas veces lo había hecho, como tantas y estériles despedidas.

—Edu: esto es un nacimiento. Es el comienzo de una gran amistad. Un cura amigo de mi vieja un día me dijo que la vida gira y gira. Que siempre estamos girando y que quizás en algún momento podemos volver al punto de partida.

Nos abrazamos.

—Te voy a extrañar Mate *Cosido* —me confesó.

—Yo también, —respondí.

Después saqué del bolsillo del pantalón una réplica de una bici antigua que mamá compró en una de las tantas ferias artesanales que solía visitar en cada veraneo. Nos torturaba al menos una vez por semana, en aquellos veraneos compartidos con los abuelos, visitando ferias repletas de *hippies*, olor a sahumerio y marihuana; la deslumbraban "artesanías" que se podían conseguir en cualquier feria artesanal de cualquier lugar del mundo. Adoraba esos lugares, pasaba horas y horas probándose aros espantosos o collares de mostacillas que usaba solo una vez.

La bici estaba hecha de hierro, y era una réplica de una bicicleta antigua, esas con una gran rueda adelante, alta, y otra más pequeña atrás. A pesar de su rusticidad, se destacaba el manubrio, un asiento pequeño, los rayos de las ruedas y hasta cierto relieve en lo que sería para el artesano las gomas del vehículo. Y a pesar de que decía "Recuerdo de Santa Teresita", a Edu le encantó; se quedó un largo rato mirándola como si fuera una piedra preciosa.

—Para el mejor ciclista de la historia, —le dije al despedirme.

Después subí al camión donde me esperaban mamá y mi hermana, y subimos la cuesta.

Por el espejo retrovisor vi a Edu mirando todavía la bici, absorto.

Después se fue haciendo cada vez más chiquito, hasta desaparecer por completo.

VI

Le acaricio el dorso de la mano y el antebrazo porque a ella le gusta. Así, despacito, mientras caminamos y volvemos al auto abrazados. Tiene frío. Sopla un viento leve, apático.

La abrazo, me besa, la beso. Avanzo un poco más. Me advierte: llegamos tarde, dale.

Busco la llave del auto y saco la alarma, que siempre hace un chillido histérico. Después levanto la vista y veo a Patricia con cara de pánico, pálida. Está a dos metros mío y no avanza.

Siento un chasquido metálico y un golpe que me desagarra la sien derecha. Caigo al piso mientras la sangre tapa la mitad de mi rostro. Me incorporo con dificultad, Patricia llora y grita no le hagas nada. De pronto lo tengo frente a mí.

Vuelve a poner el arma contra mi frente:

—¡La guita y las llaves del auto, pelotudo! ¡Rápido!

Yo me río, mientras paso la lengua por las comisuras y degusto la sangre.

Le entrego la billetera y las llaves. Patricia llora en silencio, se toma la cara.

—¡Vos también, conchuda, la guita, la guita!, —grita, y se lleva las dos billeteras que guarda en el bolsillo de su buzo con capucha.

Está nervioso, mucho más nervioso que yo, le tiembla la mano y el caño del arma se mueve de arriba abajo peligrosamente. Tiene la cara tapada con un pañuelo, saca los billetes y arroja las dos billeteras lejos, sobre la vereda.

—¿De qué te reís, forro? ¿Querés que te queme acá?

Patricia grita dejalo, andate, ya tenés lo que querés.

Yo toco mi cabeza llena de sangre y vuelvo a reír y le digo sin pudores, total puedo estar muerto dentro de diez segundos:

—Tengo la cabeza llena de cicatrices, no hay nada que hacer, este barrio me llena el mate de puntos de sutura.

Él se estremece, baja el arma. Me mira. Le dice a Patricia:

—Metete adentro del auto, vos.

Ella amaga un reproche, él se pone loco:

—¡Te digo que te metas adentro del auto, la puta que te parió!

El viento sopla ahora más fuerte, tengo frío y empiezo a tener miedo.

El tipo me apunta otra vez y ordena:

—Quedate quieto.

Me agarra el rostro con una de sus manos mientras me sigue apuntando. Mira a través de mis ojos algo que no entiendo ni puedo ver. Extrañamente, callo, estoy resignado y contento porque Patricia está a salvo. No es un vistazo, es un examen, un escaneo total, siempre mirándome de frente, nervioso, hierático.

—Date vuelta, me dice.

—Escuchame…

—¡Date vuelta, la concha de tu madre!, —y me pega un terrible cachetazo.

Yo obedezco y espero el tiro en la nuca y pienso si será algo rápido, si el túnel blanco, si mi abuela estará del otro lado esperando.

Siento que pone algo en el bolsillo derecho de mi saco. Susurra en medio de la noche:

—Calladito te rajás de acá, ¿entendiste?

Patricia tiembla como una hoja sentada en el asiento del acompañante.

Yo digo que sí, ¿qué otra cosa puedo decir con un arma apoyada en la nuca y la mitad de la cara ensangrentada?

Se pierde en la noche, fugaz, como un ánima en pena.

Busco en el bolsillo del saco y extraigo las llaves. Hay algo más. Revuelvo nervioso el bolsillo, a oscuras. Patricia llora y dice salgamos de acá por favor, amor.

Prendo la luz interior del auto y se me llenan los ojos de lágrimas, lloro con un dolor exánime, postrado contra el volante, la mano abierta sosteniendo esa bicicleta antigua, hecha de hierro, con un cartel que dice "Recuerdo de Santa Teresita".

De pronto un zarandeo, dos ventanas que se abofetean entre sí y el chiflido agotador del viento que revolea las cortinas.

—Nubes rosas, mal presagio —dice circunspecto Bermúdez, que cree ser sabio para estas cosas. Solo para estas cosas.

Enseguida un haz psicodélico, un relámpago pionero y el atronar del agua que ahora cae como baldes desde el cielo.

El llamado del radio me sorprendió con el café, denso, concentrado y pegajoso, a medio tomar.

—Nos vamos para Ezeiza —me dice Bermúdez mientras corre las cortinas y espía la tormenta frunciendo el ceño—. Puta madre con esta lluvia… Encontraron un cuerpo en un descampado. Dale, llamá a científica y decile que estamos yendo para allá.

Déjà vu cotidiano: la verborragia de Bermúdez durante el trayecto, su aliento a cigarrillo, sus recomendaciones misóginas acerca de mi embarazo, su falta de pudor, los tangos saliendo de los parlantes. El agua rebota contra el parabrisas y las escobillas trabajan horas extra. La Ricchieri está repleta de camiones que van para el Mercado Central, los monoblocks de los costados transpiran torrentes por sus paredes laterales, un par de cartoneros traccionan sus carros, empapados, cubiertos por pilotos improvisados hechos con bolsas de residuos.

Pasando la caminera nos desviamos por un camino lateral que lleva a ningún lado. Hay verde de ambos lados, arbustos que tapan la visión y un riacho que corre allá abajo, inmundo y con olor a mierda.

—¿Dónde está?, —pregunta Bermúdez que cree tener la sartén por el mango. Dos oficiales que custodian el cerco, mojadísimos y con cara de pocos amigos, nos señalan un claro veinte metros más allá.

—Por suerte diluvia —me mira Bermúdez—. No tenemos curiosos ni prensa... —y camina satisfecho rumiando frases de series de televisión, como por ejemplo: a quién se le ocurre matar a alguien un día como este.

Caminamos por el barro, entierro mis borcegos que hacen un ruido parecido al que hacen dos cuerpos cuando están teniendo sexo un día de mucho calor, y rozan sus superficies embadurnadas de líquido y pasión.

—Allá, —dice Bermúdez y señala como Colón la costa del nuevo continente.

Llegamos. Es una chica. Rodeamos el cuerpo, está semienterrado, asoman una de las manos y parte de su cara, que está de costado, como durmiendo. Veo pestañas largas y pecas. La lluvia le ha ido limpiando los restos de barro y sangre, y por momentos, parece una joven que se tiró a dormir en el césped. Salvo, claro está, esa prolija hendidura que atraviesa su cuello de punta a punta. Es, bueno, era, pelirroja, tiene las uñas pintadas de color fucsia, y varios anillos en esa mano que asoma pidiendo permiso entre todo el fango.

De pronto un sonido, un timbre telefónico que empieza a sonar. Es una música de cumbia, que percute los oídos. Nos miramos con Bermúdez, ¿el tuyo, el mío?

Miro al piso, hay un celular en algún lugar y escarbo y escarbo entre el barro hasta que asoma la campera de jean de la joven y en el bolsillo de esa campera, ella tan serena, tan de costado con los dos ojos cerrados, repica el celular.

Lo tomo. Leo "mamá".

—Mejor atendé vos —me pide Bermúdez.

I

Usted, lector, tiene todo el derecho.

Derecho a cambiar de página, derecho a tomarme como un lunático más.

Al fin y al cabo, usted siempre decide: la lectura es un placer, un arte hedonista (estoy subjetivando un poco, le pido disculpas), un momento de recreo para la cabeza y el alma, y créame que no quiero atormentarlo con mentiras o fábulas desmesuradas.

Mi oficio es escribir y esta es la única (¿última?), manera de contar, de narrar historias. *Mi* manera de contar.

No sé si usted es creyente ni qué grado de devoción tiene. Tal vez profese alguna religión, crea en algo superior, asista a oficios religiosos. No se preocupe, ya estoy viejo para debates acerca de credos y dogmas. Los cultos son así, ramificaciones algo bastardas de la fe, se toman o se dejan. ¿Que la Virgen no era virgen? ¿Que todavía en el Siglo XXI no se puede comer cerdo?

En fin, relájese y trate de hacer como yo: es así porque es así. Y si Jesús resucitó, o los hebreos cruzaron el Mar Rojo porque se abrió de par en par, no lo va a saber nunca usted ni nadie.

Vengo a contarle algo que tal vez pueda parecerle inverosímil, levemente estúpido.

Me conformo con que lo juzgue increíble y no un intento sesgado por asombrarlo.

Después, usted verá si cerrar rápido el libro o reunir a sus amigos en una noche cálida de verano y relatarles esta historia fantástica.

Usted decide.

II

Mire, soy vueltero, me gustan los prólogos y los partidos de truco hablados, interminables. En las milongas era un bailarín del montón, pero créame: con el chamuyo no me empardaba nadie.

Así que déjeme contarle cómo llegó esta historia a mis oídos, total dos o tres minutos más de lectura no le van a sacar canas verdes a nadie.

Es así:

Tengo parientes en Lincoln. Me quedan dos o tres hermanos vivos todavía (crio ocho criaturas la vieja, otros tiempos...) y uno de ellos, Adolfo, se nos murió el año pasado.

Ochenta y nueve tenía el tipo. Ochenta y nueve años de asados, embutidos, alcohol y tabaco, y, mire usted, se nos viene a morir electrocutado el muy boludo, en un accidente doméstico. Sanito, fuerte todavía, el único de los hermanos que todavía tenía pelo: un roble, un tipo que se encargó toda la vida de destruir las teorías acerca del colesterol y sus trastornos. Pero bue, la vida es así: lo que no lograron los triglicéridos, lo logró un cable pelado.

El hecho es que me fui con Margarita, mi mujer, para allá. Un fastidio a esta edad, ir con mi mujer que no quiere moverse para ningún lado, pero vio usted cómo son las mujeres: para las fiestas y los velorios mandadas a hacer, no se los van a perder ni locas.

Yo sé que ahora los velorios parecen ser cosa pasada de moda, que nadie vela a nadie.

Pero viera qué lindo es despedirse de un ser querido, porque usted puede hablarle, decirle cosas para que el finadito pase al más allá sin tantos problemas... feliz.

No tengo que contarle que hasta duro en el cajón tenía una pinta bárbara el Adolfito.

Y lo lloraban todos, no sabe lo lindo que fue. Todos recordando algo de él, mientras las mujeres de la parentela, sobrinas y sobrinas nietas, servían café y sanguchitos para todos.

Yo estaba callado, y eso era lo raro. Margarita meta preguntarme qué te pasa, qué necesitás, no te vayas a descompensar, tomá la pastillita.

Es que el Adolfo, vestido por última vez con su mejor traje negro, una corbata de seda que rajaba la tierra, tenía una mueca rara. Yo le comenté eso a Margarita que me dijo que me dejara de embromar, que habían sido los chambones de la funeraria que no retocaron el cuerpo como Dios manda.

Pero yo le insistía, ¿no te parece como que quiere decirnos algo?, porque tenía todo el rictus de una pregunta, de haber muerto mientras hablaba o decía algo, que se nos había ido con un interrogante, con una duda. Mire, si usted le hubiera visto la cara me habría entendido. No tenía ese dormir sereno de los muertos, ese reposar con las manitos cruzadas.

No.

Estaba bien de cutis, no tenía una palidez mortecina. Sí, ya sé que estaba muerto, pero usted me entiende: hay muertos que parecen muertos y otros que no.

Bueno, el Adolfito parecía que en cualquier momento se levantaba y nos pedía un amargo.

Yo seguía al lado del cajón, y lo miraba y lo miraba…

Se acercaban los hijos, los nietos y hasta besé la frente de algún bisnieto. Arrimé el oído hasta su boca a ver si podía escuchar lo que me quería decir, pero no hubo caso.

Tal cual se estila ahora, a eso de las diez, cierran la casa velatoria. Habían desfilado durante el transcurso de la noche los personajes del pueblo, que viven estos acontecimientos como una fiesta. ¡Qué viejo que estaba el curita! El padre Emilio andaría por los setenta, pero parecía que en cualquier momento le iba a hacer compañía al Adolfito. Saludó, nos hizo rezar no sé cuántos Ave María, tiró algo de agua bendita por la capilla ardiente y se marchó: Mañana los espero en el responso, nos dijo.

El intendente ni vino, pero mandó dos o tres delegados con su "más sentido pésame". El gerente y subgerente del Nación vinieron en persona, con sus esposas y se quedaron un buen rato.

Serían las once, más o menos cuando Margarita me dijo: vamos.

Yo le dije que fuera yendo, que la alcanzaba en un par de minutos, que quería un rato más a solas con mi hermano. Hay que tener coraje para quedarse solo con un cajón enfrente, no le miento si le confieso que amagué un par de veces con levantarme y salir disparando, pero estaba empecinado, obsesionado con que el Adolfito me iba a dar una sorpresa, me iba a confesar algo.

El dueño del establecimiento se apersonó con ese gesto tan de funerario, mitad solemne, mitad fingiendo una falsa aflicción:

—¿Es usted un deudo del señor Bonfatti?

—El hermano menor —le respondí—. ¿No me ve la cara de purrete? —Le saqué una sonrisa a esa momia, y no fue poco.

—Estamos por cerrar… —me dijo casi obligándome a levantar.

Yo, a esta altura, serían ya casi las doce de la noche más o menos, estaba medio tumbado por el olor a flores. Nada más desagradable en un velorio que el tufo a flor, y había decenas de coronas decorando asquerosamente la capilla ardiente: del Rotary, de los Bomberos de Lincoln, de los Leones, de la Biblioteca, y hasta el rector del Normal que le había enviado una corona pequeña y discreta "para el ex alumno integrante de la primera camada de bachilleres".

La verdad, estaba por irme. Me levanté cansinamente, le dediqué una última mirada a mi hermano mayor y estaba buscando la salida cuando escuchamos unos pasos viniendo de la puerta.

Pasos de tacones, pasos de mujer.

—El señor se va a quedar conmigo, Battaglia, vaya tranquilo —dijo una voz que se amplificó por toda la sala.

La mujer en cuestión era bella. Sé que usted no va a fiarse con la descripción de este viejo, pero le digo una cosa: en cuestión de mujeres puedo presumir. No sabe lo que le costó a la Margarita y a mi pobre suegra convencerme para el casorio. Me casé a los 41, con eso le digo todo. Un verdadero picaflor era: ¡los rezongos que le hacía tener a la vieja, yo! Pero bueno, me desvío del tema, ya le dije que soy medio larguero para el cuento.

Vestía impecablemente, con un trajecito negro estilo masculino. Pantalón y chaqueta. Llevaba una blusa roja, bastante llamativa con collares que sobresalían tapando parte de sus pechos.

Sí, todavía miro a las mujeres, ¿es pecado acaso?

Sigo: sus zapatos, negros, debían ser altísimos, a juzgar por el bochinche que hacían al caminar. Unos guantes de cabretilla también negros completaban su atuendo y le daban todo un aire de misterio y refinamiento. Era linda, pero no tenía una belleza impactante: eran más bien sus ojos, muy oscuros y profundos los que llamaban la atención y su pelo, azabache y suelto, desparramado.

Battaglia se retiró ante la ¿orden? de esta señora. Supuse que debía ser la dueña o su jefa.

Buscó un par de sillas que colocó a poca distancia del féretro.

—A usted lo estaba buscando —me dijo—. ¿Tiene tiempo?

Yo quedé estupefacto. De todas las propuestas, decentes e indecentes, que había tenido en mi vida, esta era la más original, sin duda.

—¿Por qué no? —le respondí—. No tanto tiempo como él —le dije señalando el féretro—, pero *cuénteme*.

Estalló en risas, que retumbaron paradójicamente en toda la sala mortuoria.

—Ustedes siempre iguales, los hermanitos. Se nota que los une el humor, —me dijo casi maternalmente.

—Perdón, ¿la conozco de algún lado? —yo estaba cada vez más sorprendido, pero empezaba a tener algo de miedo, no un miedo de esos, por ejemplo, de asalto a mano armada que toco madera nunca me ha pasado; digo un miedo a algo desconocido, como la primera inyección, o el primer examen final. A ese tipo de miedo me refiero.

—Todavía no. Falta un tiempo todavía.

Yo miré sus collares, variados y coloridos que opacaban un poco esa blusa tan chillona. Estaba maquillada, con labios de un color medio violáceo. Tenía pulseras también, en ambas muñecas.

De la derecha pendía un amuleto, una especie de cruz con un lazo arriba.

—Es una cruz egipcia, —dijo casi leyéndome la mente—. Simboliza la vida y la muerte, la vida eterna. Poder sobre la vida y la muerte. Todos los faraones fueron enterrados con este símbolo. ¿Le gusta?

—Sí…

—¿A este otro lo conoce?, —me dijo mostrándome el de su muñeca izquierda.

—Sí, eso es una calavera. Todos lo conocen.

—Bueno, parece que su hermano no lo conocía demasiado. Quiero que se siente pero antes voy a presentarme: soy la Muerte y necesito hablar con usted.

La puerta de entrada se cerró de un portazo y quedamos solo la Muerte y yo.

Y mi hermano, pero él nunca se enteró.

III

—Mire —empecé—, yo siempre me tomo una grapita antes de los velorios, por favor no le cuente a mi mujer. No para entonarme, sino para poder tragarme todo esto que a veces es duro.

—¿Ha probado con un Rivotril, amigo? —interrumpió.

—No, no son para mí esas cosas. Nada como una buena grapa o ginebrita. Pero le estaba diciendo que no estoy borracho y de ninguna manera voy a creerle semejante tontería. ¿Quién es usted realmente? —le descerrajé casi en la cara, ya un poco enojado.

—Le repito: soy la Muerte. ¿No me cree? Mire.

La señora se acercó a dos de las coronas. Bastó que tocara levemente sus flores con la yema de los dedos para que estas se pudrieran inmediatamente.

—Hombres de poca fe…

Yo di un paso atrás: —ni se le ocurra ponerme los dedos encima, maldita bruja…

—No me entiende usted y me está faltando el respeto: soy la Muerte, ninguna bruja. Y no se preocupe por los dedos, que acá se muere el que yo quiero. ¿Entendido?

Prendió un pucho, que aspiró con todo el placer del que era capaz. Cerraba los ojos al inhalar el humo, después lo largaba con cierto goce perverso. Muerte o no, estaba claro que podía seducir a cualquier mortal que se lo propusiera. Cruzó sus piernas y después me preguntó:

—¿Se va a quedar ahí parado mirándome como un idiota? Vaya, hágame un cafecito y siéntese que tengo que contarle algo. Cargadito, y con edulcorante. Soy una dama, recuerde.

Y yo, que creía estar ya en la curva descendente de mi vida, que pensé que había visto todo y nada iba a sorprenderme, le respondí inusualmente sumiso:

—Ahí se lo alcanzo.

IV

Tomamos el café y hablamos de pavadas: del cambio climático, de los jóvenes de este tiempo y sus valores, algo de fútbol (no estaba muy al tanto, me parece), de la corrupción de todos los políticos del mundo, de Dios, del Apocalipsis, de cómo preparar las mejores berenjenas en escabeche, y de los riesgos de la sal en la dieta cotidiana.

Encendió otro cigarrillo:

—¿Fuma?

—No, gracias. Pero dijo que me iba a contar algo. Ya son más de las doce y en unas horas tengo que estar en el responso. Si no se ofende…

—Ya lo sé, ya lo sé…

Se paró. Y de la misma manera que un profesor da su clase ante un aula repleta de alumnos, empezó a hablar, siempre moviéndose de un lado a otro del salón.

—Todas las personas del mundo antes de morir tienen un encuentro conmigo. Todas.

—Pero mueren muchas al mismo tiempo, estimada señora. Eso no puede ser.

Se enojó. Se acercó hasta mi silla y tirándome todo el humo en la cara siguió:

—A ver, genio de los genios, usted cuando era chico seguro creyó en los Reyes Magos, o en la estupidez de Santa Claus. Y no eran cosas reales, solo fábulas para distraer a los niños y para consumir billeteras de adultos.

Mordió sus dientes:

—Le estoy dando una demostración cabal de lo que soy y usted lo está poniendo en duda con preguntas insolentes y estúpidas. ¿Existe un grado de necedad más grande?

Callé.

—Así me gusta. Y si no le molesta, me gustaría que no vuelva a interrumpirme. ¿Puede ser esto posible, señor yomelassétodas?

Tragué saliva.

—Necesito otra grapa, —sollocé.

—En el estante de arriba de la alacena, segundo cajón. Toda suya. Y apúrese, que no tengo toda la noche.

V

Tomé un vaso lleno, de un tirón. El alcohol entró ríspido en mi garganta, produciendo un ardor placentero. Le dije:

—Puede continuar.

—Gracias, caballero. Le contaba: voy personalmente a buscar a cada uno de los humanos que, como bien dicen, son mortales. Minutos, días, segundos antes de expirar, depende de cómo venga mi agenda, les explico sintéticamente que voy a ir a buscarlos, que se preparen. Usted sabe: siempre hay algo que perdonar, o alguna deuda pendiente que quieran liquidar.

El ser humano es, por suerte, consciente de su mortalidad. Todos conocen el final de su película. Y pasan la vida tratando de lograr un *happy end* cuando deberían poner todas sus energías en la película en sí, en el desarrollo. ¿Me sigue?

—Perfectamente.

—En sueños o personalmente, advierto a todos. Es verdad que es relativamente fácil con un moribundo en una cama de hospital, pero se la regalo cuando tengo que encarar a un niño o una persona que goza —supuestamente— de buena salud.

Interrumpí:

—En esos casos, ¿son elegidos al azar, son caprichos suyos? ¿O todo tiene un predestino, todos estamos marcados?

—Eso no es asunto suyo. Yo trabajo para otra persona, pero no voy a darle más detalles. El encuentro siempre es casual: me presento, le explico, me voy. Así, sin más trámites. Y mire usted: tengo la amabilidad de avisar a todos que van a morirse pronto. No digo cuándo, no digo cómo, para qué amargarle lo que le queda de vida, pobre gente.

Y, dígame. ¿Qué recibo a cambio? Un "Gracias, señora Muerte por avisarnos, ahora sí voy a poder hacer aquel viajecito, o reconciliarme con fulana o mengana, o pedirle perdón a tal o cual". No.

Todas son quejas. ¡Por qué justo a mí!, ¡yo no quiero!, ¡andate, sos una desgraciada! Y los epítetos, mi estimado… ¡Los epítetos!: Yegua, hija de puta, malparida, ángel de la muerte, pájaro de mal agüero me dijo una señora muy mayor hace unos siglos atrás…

¿Sabe usted lo que son milenios recibiendo insultos, incomprensión, ofensas? Que pocas personas me han recibido con el corazón abierto, cuántas me han dicho "Gracias…"

¿Y sabe por qué es eso? ¿Sabe por qué? Porque han tenido vidas miserables, patéticas.

Se agarró de la blusa, fuerte, tirándola. Se dejó caer en la silla, vencida. Tapó su cara con sus manos, y las pulseras hicieron un efecto sonoro como de percusión. La voz comenzó a quebrantársele, y fue perdiendo volumen y acústica. Siguió:

—¡Pero eso no es culpa mía! ¿No lo entienden?

Me pareció, tal vez efecto de la noche y de la grapa, que la Muerte lloraba. Desconsoladamente.

Yo me acerqué, tímido, la abracé y le ofrecí un pañuelo.

Apoyó su cabeza en mi hombro. Olió el pañuelo:

—Agua de colonia... usted debe haber sido un galán...

—¿Se le ofrece algo?

—Y bueno, un traguito de esa grapa. Pero cortito que tengo que seguir trabajando.

VI

—Le pido disculpas por este papelón —me dijo una vez que terminó de hipar y secarse la cara—. Mire cómo me quedó el maquillaje, un desastre.

—Por favor, todos tenemos momentos de debilidad. Continúe.

Bebió el último sorbo de grapa. Me dijo:

—Conocí a Adolfito cuando estaba por entrar al Servicio Militar. Si de mayor era pintón, imagínese a los dieciocho. Estaba parado, ansioso, en el andén solitario de la estación de tren con su valijita en la mano y su pelo recién cortado. Lo encaré. Con el mismo discurso de siempre, no vaya a creer que soy original: que era la Muerte, y que en unos días se iba a morir, bláblablá.

¡Viera la cara que me puso! Era un bebé, un muñequito y se puso a llorar ahí mismo a moco tendido. Me conmovió, y mire que soy fuerte. Me habló de su madre, de la muerte de su padre, que él era el sostén único de esa familia tan numerosa...

—¡Pero eso era mentira! Déjeme hacer memoria... Sí, mi viejo vivía por entonces, laburaba de sol a sol, pobre...

—¡Es que yo no lo sabía! Me engrupió el muy astuto con esa carita de ángel y de carnero degollado. Y le digo: nunca supe por qué, pero fue el único ser humano que me creyó de inmediato, al cual no necesité demostrarle nada, no como *otros*... —me dijo muy irónicamente—. Yo le insistí, le hablé del destino y de recompensas en la otra vida: le ofrecí argumentos que por milenios el ser humano ha aceptado, no importa si son ciertos o no, pero ha aceptado, usted me entiende. Pero él seguía llorando y hablándome de todos ustedes, tan chicos todavía...

Y, le digo una cosa, me contó mientras se acercaba al cajón y lo miraba: su hermano sí que sabía convencer a las mujeres.

Bueno, el tema es que le dije que no subiera a ese tren, ya tenía el dato que se iba a destrozar contra otra formación que venía de Buenos Aires y que le daba dos años más de prórroga. Por simpático. Lea los diarios de esa época y va a encontrar el accidente, seguro.

Me olvidé de él y del encuentro, el trabajo, usted sabrá, no para. Algunos años después, me acordé de ese atorrante y lo fui a buscar.

Me saludó como una vieja amiga:

—¡Hola, tanto tiempo! —Se estaba poniendo un *smoking*, y la verdad que era lindo Adolfo. Después me preguntó con ese aire distraído: qué se te ofrece. Yo le contesté que teníamos un trato pendiente, que la postergación había caducado y era hora de partir.

Otra escena, esta vez enojado.

¡Pero me estoy por casar! ¿No te das cuenta? ¿Me vas a llevar ahora, que estoy por dar el sí ante la mujer de mi vida? Y qué hay de mi futuro, me preguntaba indignado. Voy a dejar a esta pobre cristiana viuda en el altar, ¡por favor!… Y sacó fotos de su billetera, me mostró a su mujer, toda arreglada en una foto color sepia…

—Espere. La foto…

—Sí, era una dama con un trajecito a cuadros, con un ramo de flores en la mano izquierda y…

—¡Pero esa era mi vieja, no la novia! ¡Si este crápula se casó de grande, como todos nosotros! ¡Le mostró una foto de mi vieja, señora! y ya sé en qué momento de su vida lo fue a buscar: el Adolfo la única vez que usó *smoking*, ahora que lo recuerdo, fue cuando se casó mi hermana porque salió de padrino por la prematura muerte de mi padre…

Estallamos en risas los dos.

—¡Pero qué pedazo de hijo de puta!, —dije entre risas, con otra copa de grapa en la mano, llenando el vaso de la señora.

Ella se acercó al cuerpo, tocó su frente:

—Eras un turrito vos, Adolfo. —Me miró—. Pero tenía algo, no sé. Algo que no puedo explicarle. Soy mujer al fin y al cabo, y creo que no va a poder entenderme. Me fui, culpable de arruinarle el casamiento.

Volví dos o tres veces más. En una lo visité en su propia casa. Otra vez el mismo discurso, otra vez los pretextos: me llevó ¡de la mano! a la habitación de sus tres hijos, me mostró las fotos, me dijo que justo pero justo en ese momento no iba a poder porque su mujer estaba embarazada otra vez, pero qué lástima, ya nos vamos a encontrar otro día, soy el único sostén de estas pobres criaturas…

—¡Pero si Adolfo tuvo tres hijos! ¡Minga estaba embarazada Ester!

—Ya lo sé, ya lo sé… A esta altura ya le creía poco y nada, pero, mire, era tan pasional, tan vehemente, que a una la terminaba convenciendo.

Las risas retumbaban irrespetuosamente en la capilla ardiente mientras desfilaban anécdotas de mi niñez, siempre teniendo a Adolfo como protagonista.

—¿Y aquella vez, andaría ya por los cincuenta supongo, que pasé por su trabajo, en la Municipalidad? Todo trajeado, me hizo pasar al despacho como si fuera una entrevista de trabajo. ¿Qué se le ofrece?, me dijo ¿Puede creerlo? ¡Qué se le ofrece, me preguntó el caradura!

—Adolfito viejo y peludo…

—¡Te vengo a buscar, crápula!, le dije enojadísima. Tendrías que estar muerto hace más de treinta años y me preguntás qué vengo a hacer acá. Me respondió: tranquila, y me agarró la mano.

Sí, me agarró la mano y me dio un beso en la boca. Pero un beso de amor, de esos postergados durante años, largo, ardiente, febril. Después me confesó que me amó desde el primer día que me vio, allá en la estación de tren. Y pasó a detallarme cómo fui vestida cada vez que lo estuve visitando.

A esta altura, no quería que la noche terminara. Se paró, empezó a caminar en círculos.

—Pero mire que Adolfito…

—¡Sí, ya sé! ¡Era un mujeriego terrible! No me lo tiene que decir. —Bajó la cabeza y la voz, me miró con los ojos vidriosos—: Dígame entonces por qué le creí, porque pensé que era verdad.

Cambié de tema.

—Ya son casi las cinco. ¿Un cafecito, *madame*? Y me cuenta otra anécdota del Adolfito.

VII

La noche transcurrió entre risas y carcajadas, con un único testigo frente a nosotros pétreo, imperturbable. El sol empezaba de a poco a iluminar los ventanales cuando se acordó:

—¡Y aquella vez, ya sesentón, cuando aparecí de sopetón en la Municipalidad! Antes de que pudiera hablar me empezó a halagar, a decirme qué linda que estaba, que ya me había olvidado de él, que nunca lo iba a visitar. Después me invitó a pasar a su oficina con la pregunta de siempre, ¿a qué debo el honor…?

—Era inútil resistírsele.

—Imagínese que me contó que era el firme candidato a intendente, que por favor lo dejara unos años más hasta cumplir ese último sueño.

Yo volví a reír, a esta altura de la madrugada ya parte del ritual de este velorio tan especial.

—Qué cómico… Adolfito siempre fue radical y en este pueblo desde que tengo memoria ganaron los peronistas siempre. Si hasta en la dictadura el intendente de facto era un peronista camuflado.

—Adolfito… quiero hacerle una pregunta y necesito que me responda con total y absoluta sinceridad.

—A esta altura…

—¿Nunca le habló de mí este malandra?

—Jamás. Se lo juro.

—Mire usted…

La luz comenzaba a invadir el salón, pegando sobre las flores y la cabeza del finado.

—¿Puedo hacerle yo una pregunta ahora, si no se ofende?

—A usted le falta, no se preocupe. Evite los aviones un par de años, eso sí.

Reí.

—No, no es eso. Nada mejor que no enterarme, ¿no escuchó lo que dice Woody Allen?: Yo no tengo miedo a la muerte, lo que no quiero es estar allí cuando aparezca.

Le saqué una sonrisa, la última de todas.

—*Digamé*.

—¿Cómo fue que…?

—Mire —se apresuró—. Estaba presionada. Todos tenemos jefes, todos hacemos trámites. Acá, allá abajo, allá arriba. Es así, no ha inventado el hombre la burocracia. Yo soy esto que usted ve ahora, pero puedo ser un niño recién nacido, un anciano decrépito.

Así es que me presenté ayer en su casa, esta vez como un electricista. Adolfo tenía un problema con un ventilador de techo, el interruptor no le andaba. Y vio que se daba maña para todo, además era bastante tacaño. Y bueno, le desarmé el interruptor, y le expliqué que podía arreglarlo él solo, que era pinzar un cable y nada más. Le hice una demostración, se imagina que justamente yo no iba a morir, —agregó irónica.

—No sé, la Biblia dice…

—¡La Biblia, la Biblia! ¡Pero por favor, gente grande…! Déjeme continuar en vez de andar hablando pavadas. Me agradeció y obviamente no le cobré nada. Le apoyé la mano en el hombro, lo miré a los ojos por última vez. Tenía ganas de decirle gracias por todos estos años, mucha suerte donde te toque ir; quería hablarle de su pasión y sus mentiras, de su bondad y su desparpajo, de su carita de ángel en la estación de tren, de sus besos y su humor.

Pero no me salió nada. Le dije "Pince el cable rojo y listo, maestro".

Se levantó y se acercó al cajón.

Amanecía.

Le pregunté:

—¿Usted lo quiso?

Pero cuando me di vuelta, la Muerte ya se había ido.

VIII

Usted decide.

Puede creerme o no, ya le dije.

Si es un lector incrédulo, seguramente cerrará las páginas de este libro con desgano y pensará, otra vez, que el mundo está repleto de delirantes, místicos y gente mentirosa y embaucadora.

No lo culpo. Yo mismo pensaría eso, de haber leído estas mismas páginas.

Si piensa que el mundo aún nos debe una sorpresa, que la Magia no es una ciencia exacta y que puebla este universo aunque no podamos verla, que en algún momento de nuestras vidas se abren portales desconocidos repletos de seres que están un paso adelante nuestro, le digo: se le va a presentar un día esta señora, bella sin duda, anunciando su partida. Recíbala con educación, con respeto, porque tal vez tenga algo interesante para contarle.

Yo, mientras tanto, la espero acá, sentado en el umbral de mi casa, tomando unos matecitos.

Usted decide.

La rubia del café

Cada ciudadano de Buenos Aires adopta un bar. Si no es un bar, es un café, confitería, restó o como se quiera llamar.

En definitiva, un espacio ajeno al propio hogar, pero que es también un refugio personal, un lugar patrocinado por nuestros propios gustos donde sentimos amparo y protección, y, esto es fundamental, donde la soledad siempre viene a albergarnos.

Yo escogí —nos escogimos— el bar que se encuentra frente a mi casa. Por muchas razones entre las que cuenta, por supuesto, la comodidad. El acceso irrestricto a la avenida, un buen café, el diario siempre a mano y, por esto de que cada lugar tiene sus secretos, por sobre todas las cosas porque expenden helados y el súper sambayón granizado es de primera calidad.

Uno no se convierte en habitué de un día para el otro. No, señor.

El proceso lleva tiempo —semanas, meses— durante los cuales persona y lugar se van acomodando: las primeras visitas son ensayos donde uno va consolidando sus gustos y preferencias mientras degusta el clima: tímido al principio, cada cual va pisando el terreno con pasos modestos y cortos. Nada de atropellos y locuacidad, porque el propio espacio lo considerará persona no grata, y terminará en un exilio silencioso tomando café en la mesa del fondo.

Tal vez —digo tal vez, que se entienda— el mozo y el parroquiano sentado en la mesa vecina puedan en algún momento intentar entablar diálogo: Qué estás leyendo, a qué te dedicás.

Diálogos sencillos, sin compromisos.

Recién ahí, cuando el ambiente cede la palabra, es cuando verdaderamente se abre la puerta. A no entusiasmarse, atento. Las respuestas deben ser justas, medidas.

La palabra aquí no se regala: hay que tallarla, esculpirla, ganársela.

Después, si los dioses ayudan, le preguntarán el nombre y muchos, pero muchos cafés o helados después, nos dirán: ¿Qué tal Bruno, cómo andás?

Juan Carlos me ve llegar y pregunta si lo de siempre. Le digo que sí, porque no almorcé y ese café con leche con tres medialunas de manteca servirán para mantenerme vital hasta las ocho de la noche. Además, porto semblante de "lo de siempre". Y eso Juan Carlos lo sabe.

Sabe si tengo hambre o solo quiero un cortado. No soy yo el que establece el diálogo con él sino mi fisonomía, la cual Juan Carlos explora ni bien cruzo la puerta y busco esa mesa al lado de la ventana, para que el *smog* me pegue de lleno. Mi cara hoy es la de siempre porque de lo contrario me hubiera preguntado si estaba cansado, si quería comer algo, si el café en jarrito o si estoy para el cucurucho. Pero no. Él sabe que hoy es lo de siempre y eso me convierte en un orgulloso habitué.

Dos mesas más allá, una rubia. Pelo amarillo fuerte, poco sutil, con algunas ondas cerca de las puntas. Jeans, zapatillas, bufanda multicolor. Entre cuarenta y cincuenta, creo, no soy el mejor para calcular edades y una de las cosas que más detesto en las citas es cuando me preguntan ¿Vos cuántos años me das?

Ella pide una lágrima. Está callada, retraída. Lo único que tiene entre manos es un pequeño bolso negro. Abre uno de sus bolsillos y saca una cajita.

Yo la miro, mientras los autos avanzan despacio por la avenida porque es hora pico, y el barrio se llena con la música de bocinas y puteadas. La caja es celeste, rectangular y plástica.

Juan Carlos llega con el café con leche y lo ubica a mi derecha, como a mí me gusta. Ya lo sabe. Las medialunas enfrente, como acostumbro y el suplemento deportivo de algún diario a mi izquierda. Hoy en día es lo único que se puede leer de los diarios:

el periodismo ha perdido objetividad y todos los periódicos se han convertido en tribunas políticas que responden a algún sector.

Él sabe que yo la miro, pero no dice nada, se va para la mesa cuatro donde tiene un tostado crujiente por entregar.

La rubia abre su caja celeste y va sacando pastillitas: uno, dos, tres, cuatro. Todas de tamaños y colores distintos. Yo veo su mirada extraviada, su pose algo aturdida e intuyo de qué se trata. Después las alinea, y las cuatro conforman un sistema solar farmacológico alrededor de la caja celeste. Lentamente, empieza a tomarlas de izquierda a derecha: agarra la roja, se la mete en la boca y la empuja con un sorbo de la lágrima, a la que le ha puesto dos sobrecitos de edulcorante. Después sigue con una blanca, una azul y otra blanca.

Luego se queda sentada, mirando para adelante. Al rato, tal vez quince minutos, mete la mano en el bolso negro y saca una revista de crucigramas. Yo la espío entre las hojas del diario que ahora levanto para disimular un poco. Empieza a sacar lápices: tres. Uno negro, con una punta bien afilada, los restantes gruesos, rojo y azul.

Abre la revista, escoge una de las hojas al azar y empieza a resolver los enigmas. Cada tanto, se queda tiesa, mirando para arriba, buscando una respuesta, alguna palabra traviesa que tarda en llegar. Yo mojo la medialuna, espero que el líquido se absorba bien, lo suficiente como para que no pierda la consistencia y no se me venga abajo como un alud dulce.

Mira para donde estoy y advierte que la miro. Yo me sumerjo en el abierto de Montecarlo y miro los resultados. A los pocos segundos pide la cuenta, recoge velozmente todas sus cosas y se va.

Miro pasar la tarde. No tengo apuro, estoy tranquilo y tengo que recoger a Matías en la casa de su madre. Tengo como mínimo dos horas solo para mí. Juan Carlos limpia la mesa despacio; van desapareciendo para sus casas los comensales porque ya es la hora donde la tarde se junta con la noche; ese meridiano indefinido donde da lo mismo tomarse un café o ir preparando las milanesas.

—Un personaje, ¿no? —me pregunta señalando con la cabeza hacia afuera.

—Sí, realmente.

—La vas a ver por todos los bares de la zona. Acá suele venir a esta hora: pide una lágrima y después se toma las pastillitas. Todos los días lo mismo.

—Mirá vos...

—Esperá —me dice como si yo, como si él, tuviera apuro. Después, en un gesto inédito se sienta a mi mesa. Le hace una seña al de la caja, y agrega:

Te voy a contar su historia y, palabras más, palabras menos, me dijo esto:

Entra corriendo, las puertas automáticas, de reflejos rápidos, la dejan pasar, disfrutar de ese cálido microclima.

Afuera llueve y corre un viento helado. El cielo, negro y cubierto, amenaza con más lluvia. Es temprano y la estación de servicio tiene el movimiento de todos los amaneceres: camioneros, algún flete, camionetas que van para los campos de la zona oeste. Está enclavada al costado de la autopista, rodeada de viento y pastizales, y cercada por gases contaminantes y ruido. Ella contempla el panorama y procura entrever cómo sería vivir allí, en esa mezcla de verde, viento y *smog*.

Adentro la gente bebe cualquier infusión caliente, restregándose las manos. Algunos, incluso con los guantes puestos. Todos muy abrigados, menos ese demente que está con shorcitos de tenis y un raquetero enorme desayunando opíparamente.

Se acerca a la caja, le fastidia tener que pedirse la bebida, pide una lágrima. La cajera le da el *ticket* y le señala el mostrador, unos metros más allá. Camina, muestra el *ticket*. La empleada le pregunta si azúcar o edulcorante. Edulcorante, le responde. Mira el reloj.

Faltan veinte minutos todavía.

Elige una mesa alejada, en uno de los rincones. Pide el diario. Lo hojea. Nada que le interese. Está impecable: ropa, tacos, ropa interior con encaje, perfume, toda la carne al asador, toda vestida para él.

Le llega un mensaje al celular. Lo lee, ávida.

Está retrasado. Cuándo no. Se acerca para el exhibidor de las revistas. Por puro aburrimiento, toma dos de esas pequeñas revistas de crucigramas. En algún lugar habrá leído, internet o algunos de esos semanarios zonzos exclusivo para mujeres, que resolver crucigramas ayuda a la memoria y combate el Alzheimer. Corren los minutos y el viento, entran y salen los clientes. Ra es el dios egipcio del sol, qué novedad. Cualquiera lo sabe.

La ciudad italiana situada en el norte de ese país de cinco letras termina en ene. Casi escribe Milán, pero recuerda a Turín y espera un par de cruzadas más para resolverla. Es Milán nomás, porque la ele cruza justo justo con "dícese del que porta alas", que seguro es alado.

¿Y él la llevaría alguna vez de viaje? No digo a Milán, que sería un sueño, pero a Mar del Plata, cualquier lugar de la costa. Porque la rutina de llegar a cualquier lado: una estación de servicio, una playa de estacionamiento; esperarlo, subir a su auto y encaminarse derecho a cualquier telo la fastidia.

Sí, ya le contó: está hasta las bolas con el trabajo, vive viajando porque es un gerente de una prestigiosa multinacional, aunque no le quiso decir dónde trabaja por "razones de seguridad". Una vez, una sola vez la visitó en su departamento. Y eso que le insistió, dale, venite que vivo sola, quedate a dormir. Pero él siempre se niega, argumentando fobias, fracasos en sus anteriores relaciones. Nada como camas separadas, le recuerda. Aquella noche le hizo una cena, justamente con la ocho vertical: "alcachofas". Ella anota alcauciles, despacito, es una palabra larga y no quiere meter la pata. Y después del amor se quedó dormido, planchado, como la cinco horizontal que dice cansado, agotado. Es difícil pero la hache en el medio coincide con el hueso del brazo y ella que tuvo un novio kinesiólogo sabe que es el húmero, entonces agotado es exhausto, como él aquella noche mientras ella lo acariciaba y esperaba taparlo con la frazada y amanecer a su lado.

Pero no hubo amaneceres ni anocheceres, él salió disparado ni bien se despertó, casi sin despedirse se subió al tres horizontal: "ascensor, montacargas" y ella anota clarito: elevador y no la llamó hasta tres días después.

Corre las páginas y nota que algunos hombres la miran. En aquel paisaje con olor a café y a nafta, a octanos y hombres vestidos con ropas de trabajo, ciertamente ella llama la atención. Lo sabe, le gusta.

Mientras anota célibe donde dice soltero, mancebo, casadero, ve el Wolkswagen azul estacionando y espera ansiosa cerrando las revistas y retocándose el maquillaje.

Él tiene puesto ese traje gris que tanto le gusta, corbata a rayas azules y verdes, zapatos negros. Entra mirando para todos lados, buscándola con la mirada. Ella levanta la mano, lo saluda, le dice "Acá, acá", le indica con las manos que la pase a buscar. Lo recibe con un beso apasionado, le pregunta si quiere tomar algo. Él se levanta y va por otra lágrima y un café doble. Hay silencio, porque ninguno de los dos dice una palabra; ella porque quiere subirse al auto ya y meterse en las sábanas con él; él porque está timorato y parece querer decirle algo.

Ella vacía el sobre de edulcorante sobre la taza y revuelve y revuelve; él mira a ningún lado y no se decide.

Después, con la vista perdida en los vidrios que dan a la colectora le dice:

—Estoy casado.

Ella revuelve y revuelve el café, inspecciona los bordes de su memoria, y de repente esa realidad polarizada de encuentros furtivos y fugaces se le vuelve tan tangible, lógica y asfixiante que decide abrir nuevamente la revista de crucigramas y a la par de la estúpida disculpa y la enumeración de causas por las cuales ellos dos no pueden seguir viéndose ya nunca más, encuentra la definición justa en uno de los crucigramas grandes, los de la contratapa, esa seis vertical que dice "en estado de gravidez o

gestación" y aunque ve con claridad las ocho letras, la primera una
e, la última la o, la anteúltima una zeta, toma uno de sus lápices,
el rojo, y escribe con letra bien redonda y chiquita "aborto".

Tuve que mirarlo varias veces, frunciendo cada vez más el ceño.

La luz del sol era pesada y fuerte aún, caía desde el oeste formando un ángulo de unos 60 grados.

Cerré los ojos por última vez y respiré hondo, con una sensación que se me hace parecida a la que debe sentir un paracaidista justo antes de saltar. Entonces, los abrí y entendí que aunque había saltado, en mi espalda no había ningún paracaídas… era real e increíblemente incomprensible… ¡¡¡yo era la única materia del paisaje que no reflejaba sombra, estaba pero parecía invisible!!!

Después fue el tronar del viento contra mis sienes, la perplejidad de saberse minúsculo e insuficiente, el sopor de la espera y luego sí, el contacto con el agua que no esperaba fuera así, directo y fugaz, algo áspero, pero de todas maneras reconfortante. Emergí sin muchas esperanzas, la naturaleza crea caminos arbitrarios y cambiantes, pero para mi sorpresa, el paisaje estaba intacto: las rocas, el agua sibilante que discurría por el mismo cauce, la fogata tras los arbustos frondosos donde horas antes habíamos hecho el amor.

Me entregué al estímulo sonoro y compañero del agua. Supliqué por un poco de calma, pero al mismo tiempo no tenía dudas… mi mente no encontraba explicaciones, me tocaba para asegurarme de que aún estaba vivo pero el tacto tampoco me daba respuestas.

¿Lo estaba?

Nadé, las dudas son el reflejo del infinito, acechan, nos sumergen en laberintos ruines, despojados de toda salida.

"La vida es un sueño infinito que sueñas", leí en un libro. Decidí, entonces, que sería yo quien sueñe este paisaje, este sol ya moribundo, la desolada cascada, la mujer tendida en el césped.

Alcancé no sin esfuerzo la orilla. Entonces, era yo quien brillaba, era yo quien iluminaba con su luz a un entorno que nunca había resultado tan mágico. Entonces era yo, enteramente yo, con el vigor de un guerrero y la alegría de un niño, quien decidió que el lugar más deseable era ese trocito de césped a su lado.

Abordé otra vez su cuerpo, mojado como el mío, tibio, expectante.

—¿Es esto real?, —le pregunté.

Ella sonrió.

—Tan real como aquel hombre ciego que ahora, recostado en su cama, sueña con dos amantes fugitivos, tumbados a la orilla de un río.

Con las primeras sombras de la tarde lo supe: me estaban siguiendo.

No era una certeza visual, apenas una percepción que me transmitía la dermis, un ulular de membranas que despertaban un sexto sentido venido quién sabe de dónde; no escuchaba pasos, no veía sombras tras los árboles, algo en mi cabeza percutía y percutía con tenacidad, y bastaba esa confirmación para saber que estaban tras de mí, que yo sería el próximo blanco.

Esquivé calles, y deambulé por sórdidos callejones sin brújula, sometiéndome a mi delicada pero atenta intuición. Seguía sintiendo el roce de un aura en mi espalda, así que corrí — con las pocas fuerzas que me quedaban— hasta esa vieja casa en la Rue Garoni.

Aproveché un descuido del conserje, siempre atento a las faldas mínimas de las jovencitas, y me escabullí por la puerta lateral. Un oscuro pasillo llevaba hasta el ascensor al final del corredor. Sus puertas metálicas crujieron con desgano, y a punto estaba yo de cerrarlas cuando de pronto… ¡Te lo dije!, me dijo "ese yo" mientras me miraba con un cínico sarcasmo en la sonrisa.

—Soy como tu sombra con el sol de espaldas, siempre estaré un paso por delante y no me alcanzarás jamás. Supe que tu intuición te traería hasta mí convencido de que te estarían siguiendo. También tuve la certeza de que te sentirías a salvo en Rue Garoni, es muy fácil para mí jugar con vos.

Esa carrera hasta lo que me pareció un refugio, me había dejado con menos fuerzas aún y así era difícil activar las neuronas en pos de un análisis digno… ¿podía en verdad vivir en dimensiones paralelas o había vuelto a equivocar la medicación y era víctima nuevamente de mi fastidiosa otredad?

Cerrar los ojos, parpadear, después pellizcarme… Volver a abrir los ojos. Recordé el protocolo sugerido por el doctor para casos como este. Volví a la Rue Garoni, al ascensor con la puerta entreabierta, al recelo demandante de la paranoia.

Respiré hondo. Las teclas del tablero del ascensor me miraban, los números desafiantes invitaban a un acertijo imposible de descifrar: ¿El cuatro? ¿El tres? ¿El seis?

Las voces habían callado, pero sabía que se trataba de minutos, quizás segundos antes de que se reanudara el silencioso acecho, y todavía seguía parado ahí, vacilante, desgraciado, inmóvil, anclado al piso de una criatura robot que subía o bajaba mecánicamente presa de un foso siniestro, repleto de cables y poleas metálicas.

Pulsé el siete, me pareció un número cabalístico, que remitía a significaciones mágicas, a valores ancestrales. La máquina partió con un estertor convulsivo y en pocos segundos me llevó hasta el séptimo piso. Bajé con prisa, miré para atrás: nadie me seguía.

Cerrar los ojos, parpadear, pellizcarme. Volver a abrir los ojos.

Una puerta de madera al final de un largo pasillo. Creí reconocer alguno de sus caracteres grabados en una discreta placa color bronce. Corrí, pulsé el timbre, rogué que me abrieran.

Una bella señorita se asomó a la puerta:

—¡*Monsieur* Lemaire! ¡por fin! Creímos que nunca iba a llegar. Pase, póngase cómodo, el doctor lo está esperando.

Para saber cómo es la soledad

Lo había soñado la noche anterior: se vio náufrago, aislado del mundo, extraviado en una isla, que, sin saberlo, era *su* isla. Movido por la desesperación (o acaso el disgusto, ¿qué más daba?), había colocado un mensaje torpemente manuscrito en una botella y arrojado al mar, listo a navegar libre por las aguas y perderse entre el salitre y las mareas. La claridad matinal y la impotencia lo despertaron.

Buscó entre el desorden de su escritorio unas hojas de cuaderno, las alineó con algo de pulcritud; luego fue por la pluma de su padre, herencia escuálida, rescatada una tarde entre anaqueles polvorientos de la biblioteca familiar. Recordó unos sobres color marfil comprados en una solitaria despensa durante su viaje a Amberes. No tardó en encontrarlos. Completó la escena sirviéndose en esas delicadas copas de cristal una generosa medida de *brandy*. Entonces y recién entonces, comenzó la redacción fechando la misiva: Buenos Aires, 21 de diciembre de 1944.

Querido Renzo, siguió.

Se tomó luego un par de segundos, como el que se toman los boxeadores instantes antes de que suene la campana.

Después escribió con dificultad cuatro o cinco frases sentidas, buscando con esmero que las letras no desbordasen los renglones. Relató, sin mucho detalle, ciertos parajes de su vida cotidiana: sus problemas intestinales, el devenir del gobierno, el inminente avance de los aliados sobre Alemania.

Evitó, cuidadoso, el "espero te encuentres bien"; una carta —pensó mientras la tinta devoraba los renglones— debe prescindir de banalidades, al fin y al cabo, es la expresión más sublime de un diálogo, con la sugestiva ventaja… detuvo por un momento la escritura para mirar hacia arriba y tomar un trago de *brandy*…

con la sugestiva ventaja —retomó— que disponemos de tiempo infinito para elegir cada una de las palabras, de tal manera que una carta es también un inagotable tablero de ajedrez, vasto, fértil.

Dos o tres párrafos más tarde, tenía la misiva cerrada. La releyó, buscando alguna coma imprudente, una contradicción, un exabrupto.

Agregó una ínfima postdata: Te deseo una muy feliz Navidad. Luego firmó.

Satisfecho con su labor, vació su copa. El alcohol rebotó contra el paladar, provocándole una placentera astringencia. Dobló meticulosamente el papel, y lo introdujo en el sobre. Puso una mínima cantidad de cola plástica en el reverso (rechazaba esa manera vulgar de llenar de saliva un pedazo de papel) y escribió prolijamente los datos del remitente. El frente del sobre ya tenía escrito todo lo que debía tener, bastó sellar la esquela con una de las tantas estampillas que guardaba en aquella caja de madera, sobre su mesa de luz.

Sin prisa, caminó hasta el buzón más cercano y esperó que el tiempo hiciera lo suyo.

La noche del 24 de diciembre cocinó el pavo siguiendo paso a paso la receta de su madre: poco ajo, mucha cebolla, algo de hierbas. Dispuso en la mesa lo mejor de su platería y vajilla. Abrió la botella de champagne reservada para los grandes momentos, llenó su copa casi hasta el límite. En la radio sonaba un concierto para piano, seguramente Mozart, intuyó. Esperó a la medianoche para acercarse hasta el árbol, repleto de luces y esferas de colores, y tomar su regalo.

Un hermoso sobre color marfil con una carta adentro.

Ahora llueve. No es que pueda ver por completo el chaparrón, lo escucho.

Pero la lluvia tiene esa atracción magnética, basta que empiece a gotear para que uno saque la vista de lo que está haciendo y se dirija hacia la ventana a mirar el fenómeno, que no es más que agua cayendo del cielo, una gota atrás de la otra; función repetida desde que el mundo es mundo pero aun así se las arregla para tener espectadores en todas las ocasiones.

Yo escucho el crujir húmedo contra el techo, esa vibración del trueno que mueve sin descaro los vidrios y sucumbo al hechizo. Me levanto torpemente —es tarde, todos duermen por aquí— le doy un par de palmadas a Olaf, que despierta y me sigue por el cuarto moviendo la cola.

Corro las cortinas, espío: es una tormenta de las buenas, de aquellas que llevan viento y hacen que las hojas y papeles tengan ese planeo horizontal, que recorran metros y metros sin tocar el suelo mientras perpendicularmente el agua los va esquivando.

Hay un tipo muerto tirado hace dos días allí, frente al local de comidas rápidas abandonado. Nadie lo ha retirado desde que sonaron las sirenas, y nadie se atreve a hacerlo por temor al contagio.

Recién mañana pasará el camión de los alimentos a repartir por las casas y supongo que informarán al municipio; yo mismo hice más de quince llamados a Emergencias y no tuve respuesta alguna más que: "En breve pasarán las patrullas sanitarias por el lugar, ¿me repite la dirección por favor?"

Nunca esperes mucho de una telefonista, solía decir mi madre a la hora de evaluar mis candidatas.

El tipo está tirado como si estuviera durmiendo, recostado sobre uno de los amplios escalones del acceso. Está dado vuelta, la cara enfrentando al local, una de las manos bajo el cuerpo y la otra reclinada hacia atrás, mirando a la vereda. Los dedos inmóviles reciben el agua como una limosna; la dermis, marchita y seca, se humedece en vano, mientras un par de ratas se acercan para olisquearlo.

Tiene las piernas en flexión, es una posición dinámica y extraña para un cadáver.

Lleva puesto un piloto —qué paradoja en una noche como esta—, y unos pantalones azules, bastante maltratados por el tiempo. Unos pocos pelos blancos y revueltos asoman por su sien. Los zapatos ya no están, qué curioso, ayer todavía los conservaba, pero la noche está llena de saqueadores, no me extraña; por el contrario, es un milagro que conserve su abrigo, probablemente haya sido descartado por estos: las pulgas buscan siempre la compañía de los vagabundos. Hay una bolsa negra, un par de metros más atrás, bien cerca de las cortinas metálicas del comercio; tal vez conserve sus pertenencias, o sus recuerdos, no sé. Todo el olvido puede acopiarse en una mísera bolsa.

La lluvia arrecia, intensifica su dominio: rebota furiosa contra los vidrios, plasma dibujos y recorridos en todas direcciones sobre mi ventana; primero una sola gota, después un surco húmedo que discurre vertical y sigue hasta morir exhausto contra los marcos; de allí, parte en direcciones bifurcas, y languidece tan húmedo como vino, en el piso del balcón.

Un gato cruza la calle, está empapado y corre a guarecerse en los portales. Maúlla al viento, emite una queja infructífera. Se acerca al cuerpo mojado, lo ronda durante algunos segundos, después se aleja insatisfecho.

Continúo mirando esa mano abierta, ahora rodeada de un charco, mientras las gotas caen pesadamente formando globitos alrededor.

La ciudad sigue durmiendo, la lluvia azota las veredas, un silencio glacial y despreciable inunda todo y yo aquí, evaluando la decrepitud de una naturaleza muerta.

Recuerdo, de pronto, que mañana domingo debo madrugar, llegará el diario al departamento de Alcides, fallecido la semana pasada. Quien roba a un ladrón tiene cien años de perdón, admito desconocer la pena para quien roba a un muerto.

—¿A la cama de vuelta, Olaf?

Él siempre dice que sí.

Fiesta sorpresa

We have to distrust each other. It is our only defense against betrayal.
Tennessee Williams

Debió haber escuchado a Pirker, él siempre tenía la palabra justa para el momento indicado.

Y de entrada le advirtió que Steffanoni era un ahijado político de la camorra, un forajido disfrazado de empresario.

Pero estaba Claudine, su cuerpo bañado en sangre descansando casi plácidamente en la bañera como un enigma, un escollo para quien decidiera comenzar una investigación; porque en Nueva York todos sabían que Claudine era la amante del Capo mafia desde hacía años; y él siempre tan terco, tan estúpidamente tenaz buscando una respuesta que abriera otro enorme signo de pregunta, una puerta que desplegara sus hojas a un fatal callejón sin salida.

Y Pirker insistía, Micky, no te metas en esto, puede traer problemas; pero él firme y seguro pensando que el destino no puede ensañarse con una persona tan bella solo por el hecho de ser prostituta, entonces rumiaba conjeturas en la soledad de su departamento de Brooklyn mientras el tren destrozaba con sus decibeles los vidrios de la habitación. Se enfrascaba en dilemas y caminos sesgados que siempre terminaban en Steffanoni, cualquiera fuera la hipótesis que usara.

¿Que al Capo mafia no le preocupaban las coartadas?

En absoluto. Bastaba tener sus impuestos al día para no caer en las redes de Hacienda; de todo lo demás —dinero de la prostitución, tráfico de armas, estupefacientes y trata de personas— se ocupaban con eficiencia hereditaria su ejército de sicarios, abogados y alcahuetes.

No, decía siempre Lucca Steffanoni, no me pasará a mí lo que a Al Capone. Libros impositivos al día, lo demás es anacrónico.

Y paseaba con sus autos alemanes impunemente por las calles de Manhattan, recogiendo allá y acá sus ganancias negras y pútridas.

Una y mil veces dudó; otras tantas, perjuró retractarse.

Pero estaba Claudine, siempre Claudine con esos ojos abiertos, sorprendida, degollada, reposando en sangre y agua; tan etérea, tan pacíficamente muerta: serena, inalterable, calma como aquellas mañanas donde amanecían juntos, él todo despatarrado con sus brazos por fuera de la cama, ella, mansa con su rostro pávido abrazando su cojín, atenta al menor movimiento para una caricia o un arrullo madrugador.

—Somos amantes —le decía ella al oído mientras sonaba Jimi Hendrix en los parlantes—. Amantes, de amor —le repetía—. Dícese de dos personas que se aman, —susurraba entre besos—. Somos Bonnie and Clyde, Romeo y Julieta, Marilyn y JFK —se reía mientras revoleaba esa cabellera rubia y lacia, y sus ojos verdes cavaban trincheras en la piel del policía.

—¡Pero que amantes tan trágicos! —replicaba él yendo para la ducha y arrojándole un almohadón, entonces ella bajaba esa mirada y buscaba refugio en el frío del suelo, y le gritaba con la puerta del baño entreabierta y todo el departamento lleno de humo:

—El amor sangra, detective. Es esa oscuridad que nos subyuga, ese pozo ciego que la curiosidad nos impulsa a explorar. El amor no tiene escapatoria —seguía gritando mientras jugueteaba lésbicamente con el Colt 44.

Él cantaba bajo el agua:

—*You know you're a cute little heartbreaker Foxy.*

You know you're a sweet little lovemaker Foxy.

Para cuando él salía de la ducha, ella ya había partido, dejando sobre la mesa el café negro humeante y un par de tostadas sobre un plato.

Y allí estaba todavía, cavilando, entre copas de *brandy* y volutas blancas de su cigarro cubano.

Afuera caían baldes de lluvia sobre Manhattan, las aceras trazaban ríos imaginarios que desembocaban en el torrente caudaloso del Hudson, los toldos de los comercios clamaban piedad a los comerciantes que golpeaban furiosamente sus lonas para desalojar el agua. Las gotas golpeaban con dureza contra el pavimento, la tarde era un inmenso solo de batería acuático.

—¿Otra copa? —John lo miraba desde la barra fiscalizando la facha del detective: despeinado, con la camisa sucia y transpirada, la corbata floja, la barba de tres días.

—Sea —respondió. Desde la otra punta de la barra, la copa inició su camino deslizándose obedientemente hasta su mano.

—¿Mal de amores, muchacho? —John prendió un cigarrillo. La pequeña llama iluminó por segundos el lúgubre bar.

Micky apuró el *brandy*. Se preguntó, antes de responder, cuánto alcohol sería capaz de soportar su ya alicaído hígado.

—Soy afortunado en el juego, si eso responde a tu pregunta. —Le pareció que evadir el tema lo ayudaría a pensar con más claridad—. En realidad —agregó—, festejo mi cumpleaños. Es hoy. ¡Salud! —Dijo levantando su copa vacía. Y era paradójicamente cierto, había olvidado por completo su cumpleaños.

—En ese caso, la casa invita con una hamburguesa completa —respondió John dirigiéndose a la cocina—. Eso sí: con Coca Cola. No quiero llevarte en andas a tu casa.

Micky sonrió, por primera vez en semanas. Su teléfono celular emitió un destello.

Leyó el mensaje de Pirker: ¿Unas copas en casa para festejar tus treinta y cinco?

Copas… ahora la lluvia traía olor a *bourbon*, a licor de Kentucky, a cebada de malta y trasnoches donde la oscuridad era invadida de vez en cuando por unos rayos exiguos de luna filtrados a través de persianas indiscretas; esas noches donde los destellos nocturnos eran las luces de los focos callejeros sobre su cabello dorado, noches de amor físico sin egoísmos ni súplicas, y aunque a veces sonara Ray Charles cantando una dulce melodía en su piano, una batería acariciada por escobillas

y un contrabajo dominante y acompasado, él no se rendía y subía
la apuesta:

Ah, baby listen now

I've made up my mind

I'm tired of wasting all my precious time

You've got to be all mine, all mine

Foxy lady

Here I come

Ella se entregaba sin miramientos, vulnerada en el sexo,
impenetrable en sus convicciones.

Lo besaba tiernamente y de las otras tantas maneras; después
partía para una nueva cita: callada, conmovida, a veces se
despedía con un *bye*; otras, tiraba citas melancólicas y cubiertas de
pesimismo, como aquella de que el amor era un grillo perpetuo,
unas esposas sin llaves.

¿Entonces qué? Le gritaba él semidesnudo viéndola bajar por las
escaleras, y ella se daba vuelta y le dirigía esa última mirada, esta
vez con una mueca pícara (otra vez Claudine), entonces mañana
a la noche quiero tu lasaña, guapo, le retrucaba antes de cerrar la
puerta; y Micky pensaba que esa puerta, la que él tanto buscaba
no estaba trancada, tal vez esa caja fuerte tuviera una arcana
combinación, escondida tras muros de desencanto y fatalidad.

Amagó pagar, John lo frenó con la mueca: *Happy birthday*,
detective. Procura no cumplir años todos los días.

Micky movió los labios. Era lo más parecido a una sonrisa que
podía esbozar. Saludó a John con la mano y partió.

Empezó a caminar hacia la estación del metro. Pensó en John,
escapado de una novela de Chandler, con sus gestos y sus dichos.

Horas antes, había depositado todas las pruebas en la oficina
del fiscal de distrito: registro de llamadas del celular de Claudine,
videos digitales de la entrada del edificio donde ella vivía horas
antes de ser asesinada, registro de seis cámaras ubicadas en las
calles aledañas, una grabación que guardaba en su contestadora

donde le decía que tenía miedo, que ÉL (y Micky sabía de quién se trataba, por eso ella lo decía con letras mayúsculas: ÉL) había comenzado a sospechar, después una serie de frases ininteligibles, suponía producto de alguna de esas cosas pesadas que de cuando en cuando Claudine solía inyectarse, y al final en voz casi baja, inaudible: Tu *foxy lady*.

Tu *foxy lady*… ¿Era un te amo en su idioma?

Nunca lo supo. Horas después dormía cubierta en sangre en una bañera.

Y ahora al departamento de Pirker. Lo intuía: un par de llamados a amigos cercanos, algunas advertencias (Está depresivo, vamos a ayudarlo), mucho alcohol, algunas pizzas pedidas a Aldo's —Pirker sabía que él moría por la de rúcula & *parmeggiano*— con suerte algún dólar extra para una de las chicas del burdel de la 48, con otra advertencia más (ustedes saben cómo animarlo, chicas), y el grito apenas él abriera distraídamente la puerta: ¡Sorpresa!

Pero él detestaba las fiestas sorpresas, justamente porque era de lo que carecían: de misterio, de disimulo.

Todo tan burdo y predecible, tan cliché.

Pero conocía a Pirker: siempre con las mejores intenciones. Al fin y al cabo, era al único que le había confesado todas sus investigaciones y al primero que llamó cuando salió de la oficina del fiscal.

—Steffanoni puede darse por preso —le dijo.

—Bien hecho, muchacho —bramó la voz lúgubre y cavernosa de Pirker tras el auricular.

Llegó al departamento pasadas las nueve.

Sacó la petaca del bolsillo de su saco y le dio varios besos al *brandy*: los iba a necesitar.

Después subió los cuatro pisos con incomodidad y sin prisa. Apretó el botón y esperó.

Nadie respondió.

Lo hizo dos veces más, hasta que recordó el código de las fiestas sorpresa: supuestamente nadie me espera, estoy solo y pasaré la noche solo. Debo girar el picaporte y entrar.

Tomó aire. Su mano derecha giró la manivela dorada, y entró a un living oscuro y desierto.

Al encenderse la luz, vio a Pirker y Stefannoni, apuntando sus Magnum contra su cabeza.

—¡Sorpresa! —dijo Pirker antes del primer disparo.

Apretó *send* y dio el asunto por terminado: quinientas palabras, Times New Roman, tamaño doce, uno coma cinco de interlineado... todo a pedir de Ramos. Además, la reseña había quedado redonda: no era una crítica despiadada, ni tampoco una crónica indulgente; en pocas palabras había dado a entender —y en esto Ramos había sido muy claro— que para interpretar a Tchaicovsky una orquesta necesitaba tener algo más que ganas y un buen director. Se levantó de la silla satisfecho y fue hasta el patio a prender un cigarrillo.

Se quedó un rato jugando con el viento, espiando la redacción vacía mientras las brasas avanzaban velozmente sobre el tabaco. Después cerró todas las puertas, apagó las luces y se disponía a salir —solo le faltaba marcar el último dígito de la clave de la alarma— cuando vio esa puerta entornada, en el fondo del salón. En zigzag, esquivando los escritorios —en el trayecto volcó torpemente uno de esos preciados lapiceros (ridículos, caducos) que Montes tenía sobre su escritorio— llegó hasta esta. La observó con detenimiento: en tres años de trabajo editorial no se había detenido a mirarla, ni siquiera había reparado en su presencia.

Con parsimoniosa curiosidad, la empujó, y luego espió hacia el interior. Prendió la luz: los focos parpadearon unos segundos y mostraron el escenario: apenas una sala vacía, sin más contenido que un par de viejas computadoras olvidadas sobre una vulgar mesa de fórmica, dos o tres impresoras de matriz de puntos (recordó el sonido lacerante, el chirrido inaudible mientras funcionaban) y un pizarrón color verde, bastante grande, con algunas tizas y un trapo que seguro hacía las veces de borrador, en su base. Ingresó al salón seducido por ese abandono algo lúgubre, atrayente.

Levantó con esfuerzo, solo para recordar lo pesados que eran, los monitores cubiertos de polvo. Miró la hora y recordó la cena en casa de sus padres. Apagó las luces y volvió sobre sus pasos. Un golpe sorpresivo de viento cerró la puerta que comunicaba con la redacción.

Corrió, impulsado por su claustrofobia y las ganas de salir; pensó en su fatídica tentación de pervertir, en el helado que aún faltaba comprar, en lo inapelable de las distracciones.

La suerte, vanidosa, le jugó a favor: las puertas tenían manijas en ambos lados, de modo que giró ésta y en dos pasos ganó la redacción vacía. De poco le sirvieron los gritos, su confuso desconcierto, el estupor: cayó de rodillas, derrotado, en el medio de un salón con dos o tres computadoras viejas, pesados monitores, obsoletas impresoras y aquel pizarrón color verde.

Lo despertaron los vecinos, como siempre. Los mismos gritos, los reproches, el golpe sordo de algún objeto contra la pared. Concierto de vidrios rotos, sirenas de policía acercándose.

La pensión tiene paredes permeables, donde no es necesario auscultar contra el *durlock* para saber lo que está pasando dos o tres metros afuera.

Puso un pie fuera de la cama con mal humor: por el súbito despertar, por el frío omnipresente de la habitación, por otro día más.

El calendario marcaba un día cualquiera de julio, pero cada uno de los 365 días del calendario significaban para él un tributo, un lastre miserable del que tiene el presente hipotecado por la frustración.

La habitación es pequeña, mugrienta, poco solidaria. Una cama bastante desvencijada de pino descansa sobre un piso de baldosa que estimula a seguir bajo las frazadas.

En la mesa de luz, mínima, reposan sus pertenencias: un despertador, un atado de Parissiens, una lámpara robada de un supermercado. Un par de libros también robados de alguna librería de la calle Corrientes: "Cuentos de amor, de locura y de muerte" de Horacio Quiroga. Edición baratísima y muy berreta.

Otro de un escritor desconocido para él, pero que estaba bien cerquita del de Quiroga.

Un encendedor con el alcohol justo para cuatro o cinco puchos más, un cenicero tomado gentilmente y sin permiso del bar de la esquina. Habitan en él un enjambre de colillas mezcladas con restos de tabaco carbonizado, tiñendo la habitación de un perfume dulzón, fuerte, atrapante.

La mesa de luz tiene un solo cajón, donde guarda la billetera y unos pocos pesos que le quedan.

Sobre el piso, la caja con restos de pizza, un pulóver azul, el calzoncillo del día anterior.

Camina con pasos cansados hasta el baño, arrastrando las pantuflas. Enciende la luz, cierra los ojos.

El espejo no devuelve una buena imagen. El pelo revuelto, las ojeras, un par de vellos que emergen de la nariz. Le faltan algunos dientes, por eso se está dejando la barba y el bigote. Todavía en construcción, esas sombras entrecanas van ganando posiciones en una cara llena de cicatrices de dolor y destierro.

Abre la ducha, espera que el vapor llene el diminuto baño. Toma las muestras de champú y acondicionador que le regaló Beatriz, la dueña de la pensión, la única persona en la ciudad que lo reconoció. Mientras se enjuaga el pelo y el agua depura los restos de alcohol y tabaco que todavía transpira la piel, piensa que un día de estos se la va a tener que coger; que tanta amabilidad hay que pagarla, y si no hay plata será con sexo. Beatriz anda cerca de los cuarenta, es medio rolliza, pero ya sabrá verle el atractivo. Toda mujer lo tiene, también Beatriz.

Cepilla los dientes que le quedan, intenta peinarse.

No hay placard en la habitación, apenas una cajonera con cuatro cajones, desierta de ropa. Sobre ella, reposa uno de sus tesoros.

Mientras se viste —jean, remera, pulóver, medias, toma entre sus manos una de sus joyas: el vinilo está intacto, reluciente. La cubierta conserva su brillo original aún con el paso de los años, ese rebote lumínico que le da el papel ilustración.

El dibujo, porque antes una buena tapa vendía muchos discos también, muestra un ángel.

Está asiendo unos barrotes, sus manos comprimidas contra el metal, sus alas desplegándose a ambos lados. Está desnudo de la cintura para arriba, no es un ser musculoso, apenas tiene insinuados los pectorales y saliendo de ellos un vello tímido, escaso.

La cara tapada parcialmente por los barrotes se intuye, pero no está definida, no querían problemas con la Iglesia, eso lo recuerda perfectamente mientras sonríe, con la tapa en la mano.

Atrás, en un segundo plano, llamas ardiendo, figuras de tridentes, la infaltable calavera.

El título, en letras góticas y bien centradas: Prisioneros del infierno.

En el ala derecha, impreso en el mismo tipo de letra, el lado A del disco: seis temas.

En el ala izquierda, los otros cinco temas. El número tres, "Transpiro *rock and roll*", con el paréntesis abajo delatando al autor: F. Trimarco.

Abajo a la derecha el nombre de la banda: "Catarsis".

Benditos ochentas. Toma el estuche. En su interior descansa la Gibson SG.

Calza las Topper, rotas en el costado. Llueve, hace frío y sabe que terminará con los pies mojados y un antitérmico por la noche. No le importa.

Toma su abrigo, una bufanda, baja los tres pisos y sale a la calle.

Llueve copiosamente, pero él sigue caminando.

Nadie lo conoce, nadie lo recuerda. Otro día más.

Camina las dos cuadras hasta la estación Pueyrredón del subte. Empuja a algunos transeúntes, choca a otros con su funda. No pide permiso. Está apurado porque la lluvia moja la funda y ya empieza a meterse por los hoyos de las Topper, siente sus dedos húmedos y el *splash* del líquido contra el pavimento.

Nadie lo conoce, nadie lo recuerda.

Baja los escalones de la estación agarrado del pasamano. Teme resbalar, conoce esas baldosas mejor que todos los pasajeros. Baja. Lo sacude el ruido de la estación, el aire estancado, el martilleo de los molinetes, el ruido de las monedas.

Busca su lugar en el pasillo. Hay un bandoneonista tocando "Adiós Nonino". Se queda un rato mirándolo, bien agarrada la funda en la derecha. El tipo cierra los ojos cuando toca.

Él nunca pudo hacerlo. Ni en sus mejores épocas. Necesitaba mirar siempre adelante, ver la primera fila, los *fans* saltando, pegándose entre ellos, revoleando remeras.

Necesitaba ver los trastes, la púa paseando por todo el diapasón, sus dedos caminando por las cuerdas.

Tira una moneda de un peso en el bombín y se aleja buscando su lugar.

Lo encuentra diez o quince metros más allá, bien cerca de las ventanillas. Mucha gente de paso. Pura estrategia.

Se sienta, porque siempre toca sentado. Abre la funda, saca la viola y un pequeño parlante. Pone una caja mugrienta a un costado.

Toca un *blues*, toca algo de *rock* nacional. Toca otro *blues* y toca "When the saints go marching in". Las monedas empiezan a caer, una señora se emociona y le dice al marido algo acerca de los santos que vienen marchando. Pone un billete.

Toca "Cambalache" y "Yesterday", otro *blues* y "Polaroid de locura ordinaria".

Para un rato.

Nadie lo conoce, nadie lo recuerda.

Mira la caja. Hay varias monedas, tres billetes y mucha indiferencia.

La gente camina rápido, cierra sus paraguas mojando todo el piso, putea, habla por celular, mete las manos en los bolsillos.

Después empieza a puntear "Transpiro *rock and roll*".

Hay un tipo cuatro metros adelante que para su marcha. Escucha el tema. Vuelve sobre sus pasos. Sigue escuchando. Mueve las manos, sigue el ritmo con sus dedos. Canta la segunda estrofa, íntegra. Tendrá cuarenta y pico de años, pinta de ejecutivo: traje impecable, olor a perfume, maletín de cuero italiano. Espera que termine el tema.

Le pone un billete de diez pesos en la caja. Lo mira.

Le dice:

—Yo era *fan* de este grupo.

Le dice: gracias.

Le dice que volvió a la adolescencia, le dice que era su banda favorita, le dice que lo siguió a todos lados incluso cuando tocaron en Cemento y los cagaron a piedrazos.

Después mira la hora, dice la puta madre, y se va. El último *gracias* se pierde a lo lejos, tapado por el chirrido de los vagones.

Él sigue tocando.

Nadie lo conoce, nadie lo recuerda.

Réquiem para un piano

Caminó lo más abstraído que pudo por ese pasillo largo, repleto de sombras.

Se había prometido no mirar para los costados, prescindir de los elogios, aislarse de los aduladores con el mayor altruismo posible: el aplauso a veces es regocijo y otras, lástima.

Dos o tres pasos antes de llegar se detuvo: allí adelante las luces tenues, el escenario vacío, sus vacilaciones. Perplejo, pero siempre digno, subió los tres escalones que lo separaban del olvido.

Solo tres escalones lo separaban de la fragilidad del "suelo cotidiano" y le abrían las puertas de ese "cielo creativo".

Frágil por real e inesperado, por acercar sin disimulo lo elemental y cotidiano de seguir vivo.

Lo creativo en cambio, aunque sublime para muchos, resultaba una rutina cálida que lo hacía sentirse muy seguro, sereno, equilibrado...

A mí, que tantas veces me tocó acompañarlo en incontables actuaciones, solo una pregunta me golpeaba en la cabeza, ¿por qué esa pausa antes de subir al escenario?

No fue hasta que se sentó sobre el taburete y empezó a acariciar las teclas con sabiduría y displicencia, que supe la respuesta: el piano era la vida, él, un vil instrumento.

Esa despedida era también redención, ese adiós no exoneraba las culpas: sin reproches, posando los dedos con lujuria sobre los bemoles, surcando el piano desde los graves hasta los agudos y viceversa, ejecutó el Réquiem sin fisuras, sin siquiera saltarse una mísera corchea.

No evitaba las embestidas del virtuosismo más rabioso, no lo asustaba ningún pasaje por difícil que fuera técnicamente hablando, tenía un don sobrenatural para esconder su sentir mientras interpretaba el piano.

Diría que el blanco y negro de las teclas le permitían moverse con una soltura muy poco habitual… pero esta noche hablaba de grises, de otras gamas cromáticas dentro de su mundo emocional.

Y ese Réquiem tenía en su interpretación una dimensión de "auto-homenaje", se diluían blanco y negro en un gris que hablaba de todos los temores que lo angustiaron durante su vida.

Al acorde final, tenso, hierático, siguió una estruendosa ovación, que ni siquiera se preocupó en escuchar.

Se levantó con parsimonia, saludó con apatía a la jauría melómana que, de pie, lo ovacionaba.

Después se dio vuelta, miró a ese piano que durante décadas había sido su custodio y carcelero, y le propinó una sonora patada a su caja.

—Ya no te necesito —fue lo último que dijo.

Tomasa

I

Parece mentira verla así, quietita, muda por primera vez. Prensada entre paredes de caoba, absurda, estéril, sin su magia.

Pero debo hacerme a la idea, la abuela Tomasa partió, no está más.

II

Se afincó en la ciudad como un polizón, una extranjera venida del campo. Eligió uno de esos barrios bien pegaditos al conurbano, donde el verde todavía podía contemplarse y el asfalto raleaba; necesitaba pisar las calles de tierra para atravesar ese portal imaginario y sentirse otra vez cerca de la pampa, pero a la vez en Buenos Aires, porque decía, siempre decía, ya que me voy a la ciudad que sea Buenos Aires y no otra cosa.

Y allí edificó su llanura, su mundo mágico poblado de seres prodigiosos, irreales, extirpados de sus caprichos para ver la realidad como solo ella la podía ver: plagada de verosimilitud fantástica.

Se casó con mi abuelo, al que sobrevivió largos años, allá en el campo, con la promesa indeclinable de venirse a la ciudad. Timado por su verborragia, mi abuelo, que era bicho de campo, de alpargatas y boina, de rebenque y olor a bosta, accedió. Él sabía que la metrópoli los iba a tragar, que una cosa era buscar un grano de maíz en una mazorca y otra distinta en un silo; pero la idea de formar una familia, aquerenciarse, echar raíces y futuro le tiró más que las paredes de adobe y las puestas de sol contra los trigales.

No sé cómo funcionaba el amor en aquellos tiempos —no lo sé aún hoy, imagínese, estimado lector— así que no puedo aventurar si lo de mis abuelos fue elección o selección; de todas maneras, las más de cuatro décadas juntos destronó cualquiera de mis especulaciones.

Compraron una casa vieja y grande, algo descuidada, pero con un fondo libre como de treinta metros. Allí, en esa extensión de barro y pasto, construyeron juntos su pedazo de campo, plantando hortalizas, frutales y tubérculos en el sector más próximo a la casa, y al fondo, bien al fondo, un gallinero donde gallinas, bichos varios y roedores, convivían en pacífica existencia, hasta que llegaba mi abuela cuchillo en mano y al azar, escogía una víctima para el puchero del domingo.

Tomasa no era muy afecta al cuidado de los bebés: tienen madre, solía decir con displicencia. La vía de comunicación gestual, la falta de intercambio de palabras la abrumaba, intuyo —ahora que soy padre— porque cortaba esa ida y vuelta que necesitaba para desarrollar sus historias. ¿Qué devolución podía hacerle una criatura de pocos meses más que un par de eructos, una sonrisa falsa, unos pedos liberadores?

Tomasa necesitaba hablar y escuchar, ser protagonista, maravillar.

"La única sonrisa que me hace esta chica es cuando me acerco con una mamadera en la mano" me dijo, resignada, una mañana donde —para su desgracia y contra todas sus quejas y pretextos— debió quedarse en casa por un trámite urgente que mi madre debió hacer.

Cuando ese proyecto de ser humano comenzaba a socializarse, intercambiaba palabras y podía estar cinco o seis minutos escuchando a alguien sin dispersar su atención, recién ahí Tomasa orientaba su brújula fabuladora y emprendía su raid de historias fantásticas.

Nosotros construimos una relación especial, para nada convencional. Dentro de su reducto de nietos, sin duda y sin causa, yo era el predilecto. Julia, mi hermana y el resto de mis primos la nombraban por su parentesco: "Abu", abuela, *nonna*, *nonnita* ya cerca de su atardecer.

Porque era impredecible, arbitraria y —antes que nada— absurda, decidió invertir esos títulos nobiliarios para conmigo. Por supuesto, una improcedencia, una de las tantas, que se llevó a la tumba.

—Nada de abuela, ni esas paparruchadas (¡cómo amaba esa palaba cuando era un pibe!), vos me decís Tomasa, porque ese es mi nombre. ¿Entendido?

—Pero sos mi abuela.

—Y vos sos mi nietito. Por eso vas a ser para mí, "mi nietito"— (y este título genealógico duró lo que duró su vida, sin importar mis canas y su primer bisnieto).

Así que éramos Tomasa y mi nietito, desde que empecé a evocar esos diálogos, lustros atrás.

Fue justamente esa tarde, mientras —con mis ocho años— le enseñaba a lidiar con los pañales descartables de mi hermana Julia, que Tomasa empezó con su enciclopedia de historias y leyendas incomprobables.

—Todo plástico, todo plástico ahora, nietito. Se usa, se tira… Mirá si yo hubiera tirado los pañales en mi época, y más con tu padre, que se vivía cagando encima. Pero ahora es así, *quéselevacer*, estas cosas que parecen curitas de tan chiquitas…

—Tomasa, tenemos que darle el puré de zapallo ahora.

Ella se acercó al plato recién sacado del microondas. Miró con recelo al electrodoméstico, lo abrió, pareció inspeccionarlo. Después, con una cuchara revolvió todo el puré; de derecha a izquierda y de izquierda a derecha. Lo probó, constató su temperatura, siguió buscando dentro de ese pantano naranja algo que no encontró.

—Nunca tenés que dejar semillas en el puré, mi nietito. ¿Querés saber por qué?

Yo ni siquiera respondí. Todas sus preguntas tenían respuestas.

—Te voy a contar lo que le pasó a la Nancy, una vecina, rancho por medio, allá en el campo, mucho tiempo atrás. Resulta (todas las fábulas de Tomasa empezaban con un resulta) que esta chica *adoraba* el zapallo, le *encantaba*. Todos teníamos en nuestros ranchos una pequeña huerta, se estilaba; allá tirás una semilla y te brota un árbol en dos minutos. Bueno, la mamá de esta chica hacía un dulce de zapallos que para qué te cuento. Y viste que los zapallos crecen al ras de la tierra, parecen pelotas de fútbol que van creciendo con los días cada vez más y más. El asunto es que la Nancy un día, hambrienta y sin ganas de esperar a la cena, fue hasta el fondo, cortó un zapallo maduro, lo hirvió un buen rato y se comió un pedazote así de grande, mirá.

Yo ubiqué a Julia en su silla, tomé el plato de puré que ya se estaba enfriando —Tomasa no pareció urgida por darle la comida a su nieta, se había desprendido de la cuchara— y empecé a alimentar a mi hermana, que, al igual que yo, parecía escucharla con atención.

—¿Sabés cuál fue el problema de la pobre Nancy? Que junto con ese pedazote se había comido un montón de semillas, de tan apurada y hambrienta que estaba. Bueno, pasó el tiempo, nietito. Un día Nancy volvió de la escuela descompuesta. Me duele la panza, dijo. Entonces, te estoy hablando del campo, nietito, allá lejos y hace tiempo, llamaron a Doña Marta, la que te curaba el empacho. Y Doña Marta no fue una, fue como cinco veces. Y Nancy, *ay ay ay que me duele, que me duele.* No hubo otra que llamar al médico, querido.

Fijate que está metiendo la mano en el plato esa nena, tomá, limpiásela con este repasador.

Froté la palma de Julia fuerte con el trapo, ella me sonrió con esas encías desdentadas y un pedazo de puré pegado a las comisuras. Tomasa seguía hablando:

—Bueno, llega el médico. La revisa. Le palpa la panza, pone la oreja para escuchar sus ruidos. Diagnostica una indigestión, le receta a la madre un par de purgantes y se va por donde llegó.

Hace una pausa, no parece convencerle el puré, lo mira con

desconfianza, acerca su nariz hasta las propias fauces de ese plato rosa con la imagen de Goofy en el fondo.

—¿Tomasa? ¿Qué pasa?

—Nada, nietito. Nada... Bueno, la cosa es que la Nancy seguía quejándose de dolores de panza. *Me duele, me duele,* decía, agarrándose el vientre. Estaba llena de gases, por todos lados, como esta criatura: pedos, eructos, y unos remolinos de dolor que la hacían doblarse en dos, pobrecita. Y cuando un pueblo agota su capacidad de cura, nietito... la gente se va a Buenos Aires.

—¿La trajeron para acá? —Julia no estaba muy conforme con el ritmo de alimentación de Tomasa, que se distraía haciendo gestos, marcando el sector del abdomen donde Nancy sentía los dolores. Para lograr terminar el relato en paz y sin llantos, tomé la cuchara y continué alimentando a mi hermana que ahora se retorcía de placer moviendo las piernitas.

—Tendría que ser más paciente esta nena, nietito. La tienen muy malcriada...

Bueno, resulta que en la ambulancia la Nancy empezó a ahogarse, a hacer gestos de no poder respirar. Los médicos buscaron el oxígeno y vieron, muy sorprendidos, que de la boca de la Nancy empezaron a salir pequeñas ramas, primero chiquitas, verdes, con dos o tres hojitas a los costados. Nancy tenía puesto esos dos tubitos que te colocan en la nariz para poder respirar, y hacía gestos con la mano para que cortaran esas ramitas, que de a poco fueron transformándose en ramas más vigorosas y anchas, con tallos gruesos de los cuales empezaron a pender los frutos, verdes oscuros primero y después esos frutos comenzaron a crecer y crecer hasta llenar la ambulancia de zapallos enormes, pesados, naranjas.

¡Para qué! No sabés el lío que se armó ahí dentro y en el hospital, donde tuvieron que operar de urgencia a la pobre Nancy que ya empezaba a sacar ramas por... ya sabés por donde, sacándole del estómago todas las semillas germinadas. Se salvó de milagro, mirá.

Estuvo cuatro días con sus noches tomando aceite de ricino para depurarse, y juró y recontrajuró no volver a probar nunca más el zapallo en toda su vida.

Dicen… porque esto ya es leyenda —aclaró, como si lo narrado anteriormente hubiese sido cien por ciento legítimo— que los dos enfermeros que la acompañaron en el trayecto hasta el hospital cortaron con bisturíes los tallos y se llevaron los zapallos a su casa. Eran tan grandes que debieron cortarlos por la mitad para poder cocinarlos. Parece… porque en los pueblos los chimentos corren más rápidos que un avión a chorro, mi nietito, que por las noches, las mitades de esos zapallos habían vuelto a crecer, de manera que estas familias pudieron alimentarse durante años y años de esos frutos.

Igual nietito, te digo una cosa: por muy milagrosos que sean, no se te ocurra comerte esas semillas.

III

Escapé del fragor tóxico del tufo floral en busca de la salida, estaba comenzando a marearme.

Leticia se acerca. Está llorando, casi siempre llora por cualquier cosa. Se aproxima al féretro, toca sus manos, besa su frente. A mí esos rituales me generan rechazo, no sé por qué; tal vez pueda atribuirlo al temor de enfrentarme con la piel fría, y en el caso de Tomasa, de que se trate de alguna de sus tantas bromas o juegos, y ahora esté fingiendo su propia muerte.

Viene hacia mí con un batallón de pañuelos descartables en una mano, y en la otra, un rosario con piedras de madera tallada. Soltamos esas frases triviales que se usan para reconocer el terreno, llevábamos algunos años sin vernos: ¡qué grandes que están tus hijos!, ¡cómo pasa el tiempo!, y esas estupideces.

—¿Damos una vuelta? Necesito un pucho.

Comenzamos a caminar. Nos recibió un aire helado, invernal. Subí las solapas de mi abrigo, intenté frenar el viento con las palmas, aproximé la cara a la llama del fósforo.

—¿Volviste a fumar?

—Acabo.

El humo entró furioso por las fauces, invadió los epitelios, me provocó tos y una nostalgia algo estúpida, fuera de lugar. Caminamos en silencio, a través de una calle oscura mientras el viento seguía castigando las ramas de los decapitados árboles.

—¿Cuándo llegaste? —me preguntó.

—Hoy a la madrugada.

Después surgió el pasado, intacto, incoercible.

Tomasa y sus historias.

—¿Te acordás de aquella vez que nos contó la historia del pibe que se dejó olvidada una pila sulfatada en el bolsillo del pantalón del piyama?

—¡Sí! Al otro día la mamá lo fue a levantar para ir al colegio y lo encontró muerto. Al sacarle el pantalón, se dio cuenta que el ácido le había comido toda la piel, se le veían los huesos…

—¡Qué cagazo, mamita! No toqué una pila en años…

Río. Así, súbitamente.

—¿La del barrilete te la contó?

Ella busca los datos en su memoria. Camina pausado, mirando para abajo.

—¡Ya está! ¿Pedrito se llamaba el chico? ¡Sí, la recuerdo! El que remontó un barrilete y de tan flaquito que era salió volando, arrastrado por este. Sí… cómo lo voy a olvidar… Aterrizó en el pueblo vecino sano y salvo, ella decía que fue el primer astronauta, ¿te acordás? Mientras nos servía la merienda a todos, en esos jarros de metal llenos de mate cocido, nos susurraba al oído esos finales inacabados, póstumos: *Pedrito vio cosas fantásticas desde allá arriba que solo me las contó a mí.*

—Los secretos le fascinaban, su comadre… sí, creo que fue su comadre la que le contó que había matado al nacer a su séptimo hijo varón porque sabía que iba a ser un hombre lobo, y no quería que el pueblo se sembrara de sangre.

Todavía recuerdo cómo me agarró el brazo y me dijo: *¡Yo lo vi, yo lo vi!* Era un *desacierto de la naturaleza, un engendro con garras y pelos por todos lados, un feto desnaturalizado, un descuido de Dios.* Así me dijo. Un descuido de Dios...

Siguieron dos o tres relatos, por supuesto el del zapallo que ella no recordaba; aquel de la aparición de la luz mala una noche de septiembre mientras "tu abuelo dormía como un marmota" indicándole el lugar donde estaba enterrado un cadáver en el fondo de la casa, "al lado de la jaula de los conejos", con las pertinentes indicaciones de darle cristiana sepultura para que dejara de ser un alma en pena; y aquel otro de los niños que empezaron a nacer en su pueblo y en los vecinos con una marca en la frente en forma de crucifijo, todos hijos del mismo cura porque *Dios marca a sus criaturas bastardas*, sentenciaba, abriendo sus manos al cielo.

Reingresamos al local: muchos deudos se estaban retirando. Saludamos a parientes cercanos y lejanos, chequeamos la hora y el lugar del entierro.

—Voy yendo. ¿Te acerco a algún lado?

—Me quedo un rato más. —Nos despedimos con las premisas de siempre: hay que estar más en contacto, no nos colguemos, y demás etcéteras. En menos de quince minutos, la sala velatoria quedó vacía. Las señoritas que servían el café, y creo que el administrador —traje oscuro, mirada circunspecta— me miraron alarmados, probablemente pensando que se trataba de otro psicótico más que se niega a aceptar la muerte de un ser querido.

Yo me voy a quedar toda la noche porque es Tomasa; la misma que desde la sencillez se negó a tener una existencia prosaica, la de las historias más apócrifas y verdaderas que se hayan inventado, la que vivió mil vidas en una sola, la que siempre me sorprendía.

Por eso me acerco al cadáver y lo miro una y otra vez, doy vueltas para ver si acaso un guiño, una señal de esas que sabía darme.

Sí, me voy a quedar toda la noche.

No vaya a ser cosa.

Te extraño

¿Qué es extrañar? ¿Por qué extrañamos? ¿Acaso existen en algún lado de nuestra psiquis momentos confinados, llevados al destierro por el olvido? ¿Por qué mecanismo perverso encarcelamos instantes felices, y por qué necesitamos repatriarlos?

Extrañar es un misterio, un salvoconducto para los sentimientos olvidados.

Insólita confesión: extraño la peste. No me tomen por loco, no…

Me di cuenta ahora, a poco de ir al trabajo, cuando faltan… déjeme ver… dieciséis minutos para salir. ¿Ve lo que le digo? Ya estoy mirando el reloj de nuevo.

Y ya empiezo a extrañar otra vez ese fluir manso de las horas, el ocio exuberante perdido entre maratones de series, lecturas profundas y, por supuesto, un buen malbec.

Extraño ese despertar lento, sin metrallas sonoras, sin horarios, pausado, a veces hasta intermitente. ¿Quién no ha destrozado alguna vez un despertador?

Extraño mi barba, me quedaba genial, ese raspar sedoso, los dedos deslizándose por ese bosque repleto de aguijones suaves, y mi rostro surcado por esa sombra inquietante, sutil.

Extraño mi apetito gourmet, mi falsa vocación por las ollas, la lista del supermercado, la calma aceptación de lo inevitable.

Extraño la creatividad de los tapabocas, las miradas enigmáticas ocultas por un trozo de paño, mirar directo a los ojos para buscar señales, descifrar esos códigos sin palabras ni voz.

Extraño ese pantalón de *jogging* y las pantuflas, que me acompañaron con una fidelidad irrevocable durante todos estos meses.

Extraño el silencio a toda hora, la ciudad desierta solo para mí, el retumbar de mis pasos cruzando la avenida.

Extraño los datos triviales que recogí en mis lecturas, innecesarios para cualquier ser humano, pero no para mí; por ejemplo que Julio Cortázar siempre pronunció mal la erre, desde chico (al igual que Alejo Carpentier), por ejemplo que Jagger, Richards y Clapton cantaron los coros en *All you need is love* (¡y Keith Moon fue el baterista!), por ejemplo que nos dicen bosteros porque en el lugar donde hoy está ubicada la Bombonera había una fábrica de ladrillos, que para su elaboración utilizaba como materia prima bosta de caballos.

En cambio, ahora… soy un despojo reinsertado en la sociedad, un condenado que extraña extrañar. Un tipo que le pide a la peste unas semanas más, no este final abrupto recibido con vítores y cacerolas, este júbilo que invade las calles y no me pertenece.

Te extraño, peste, este corazón ermitaño te agradece el disfraz prestado de Robinson Crusoe, y el reencuentro con mis ángeles y mis demonios a solas, mano a mano.

Ahora tengo que salir a trabajar, y ni siquiera el sol se ha tomado la molestia de asomar la cabeza. Miro el reloj otra vez: ya debería salir. No me decido.

Extraño, sigo extrañando. Me aplasta este tango fatal.

Listo, me quedo. Chau.

Sucedió en una lejana época donde los teléfonos celulares eran solo artefactos vistos en las series de ciencia ficción y no gobernaban el mundo.

María Rita contaría con diez, tal vez once, yo con ocho. Los baches en la memoria suelen aparecer a esta edad (he pasado holgadamente los cuarenta, estimado lector), así que cualquier dato que intente presumir precisión será reglado por las leyes del "más o menos".

Vivíamos en esos pueblos a pocos kilómetros de la ciudad, cuyo nombre por pudor no quiero mencionar. Situado lo suficientemente cerca como para alcanzar la urbe en menos de dos horas, pero alejado de la civilización en términos reales, cuando uno debía esperar con paciencia innata el único colectivo que lo transportara hasta la estación Retiro.

Tenía todo lo que se podía esperar de un pueblo, o sea, nada.

Nada en su calle principal, continuación de la ruta provincial y único acceso decente —al decir decente apunto: asfaltado—, nada en sus únicas escuelas, primaria y Bachillerato, regidos por educadores formados en la época victoriana; nada en sus pocos comercios, dispersos a ambos lados de la avenida Belgrano; nada en su perímetro, cuando la avenida principal volvía a ser ruta y las calles se transformaban en huellas, caminos de tierra de cuyo suelo emergían ranchos de adobe —sí, en pleno siglo XX, ranchos, adobe y paja—; nada en sus aburridos carnavales, en su iglesia y su cura párroco, en su siempre corrupto y reelecto intendente.

No sé cómo, pero en ese panorama María Rita y yo crecimos felices. Los ojos de la infancia están preparados para ver otras cosas, si me permite la reflexión.

No obstante, había una época del año donde esa nada se nos hacía presente y nos asfixiaba: el verano. No existía lugar dentro de la casa donde el calor no irrumpiera y destrozara la paz estival, invadiendo cada rincón, ahuyentando las reparadoras sombras.

Para distraer nuestro tedio, de tanto en tanto tomábamos la bicicleta y nos escapábamos hasta el campo de los Larramendi, los dueños de la cerealera donde mamá y papá trabajaban. Tenían un enorme tanque australiano dentro de su inmenso parque repleto de estatuas y árboles añosos. Mientras esta familia vacacionaba en la costa o en Brasil, nosotros nos escabullíamos bajo los ineficaces alambres de púa del cerco y bajo la mirada cómplice de los peones, nos zambullíamos en ese agua helada y renovadora.

Además de los constantes treinta y tres grados a la sombra, la Nada era coronada con el hastío: Y ahora qué hacemos. Dejar que el tiempo transcurra, cuando uno es un niño inquieto y ansioso, es muy complicado. Todavía no le había llegado la época de los amoríos a mi hermana, y yo era un imberbe que pateaba todo el día una pelota de fútbol. No encontrábamos manera de pasar las horas bajo aquel fuego de enero, todo nos fastidiaba: el veo veo, un juego para niños pequeños; la escondida y la mancha, estériles, porque solo éramos nosotros dos.

Fue en una de esas tardes tan hipertérmicas que inventé aquel juego. Las bases eran muy sencillas: uno debía pensar una frase. No muy larga. Podía ser de un poema, de los que aprendíamos en la escuela; o algo que escucháramos frecuentemente durante la cena.

La frase en sí no era importante.

La habitación que compartíamos con mi hermana era enorme, sospecho que de cuatro por cinco, porque ambos teníamos nuestra cama y nuestro escritorio; además en el centro había un baúl donde se apilaban algunos juguetes viejos, y en una de las paredes laterales, un placard que llegaba hasta el techo. Durante años papá planeó una frustrada refacción para dividirla, pero nunca llegó a hacerse. A nosotros no nos incomodaba dormir juntos, más bien lo contrario.

El perímetro de la habitación estaba surcado por unos generosos zócalos color blanco, que separaban ese piso de cerámica gris del espantoso empapelado multicolor de las paredes.

Los elementos necesarios para el desarrollo del juego: dos lápices negros, de los buenos, con las puntas bien preparadas, dos hojas en blanco, una goma de borrar y un trapo mojado.

Una vez que uno de los dos pensaba una frase, el otro debía retirarse a la cocina. Estaba prohibido espiar (yo, desconfiado, ponía papel higiénico mojado en el ojo de la cerradura).

Después había que escribir la frase en el zócalo, cualquier lugar dentro de este era válido. El despertador de mis padres, con segundero, hacía las veces de cronómetro. El contrincante debía descubrirla, escribirla en un papel y después decir a quién pertenecía. Quien terminara de escribir correctamente la frase en el menor tiempo sería el ganador.

Concluido el juego, los restos de grafito se limpiaban prolijamente con un trapo mojado con detergente.

Recuerdo una de mis primeras: *Coronados de gloria vivamos.*

María Rita, con más humor optó por: *Ya vas a ser madre, vos*; una muletilla de mamá a la hora de retarla.

El juego nos llevaba tardes enteras, que discurrían despacio como los vientos del verano. Lo fuimos perfeccionando con el correr de los días, buscando frases complicadas y cortas en los libros, haciendo la letra más y más chiquita, desorientado al contrincante con marcas bien visibles que no eran letras y retrasaban la búsqueda.

Pasó aquel verano, y también nuestra infancia. A los quince años María Rita conoció a Armando, en uno de nuestros aburridos carnavales. Tres años después estaban casados, viviendo en un pueblo vecino, tan chico y anodino como el nuestro.

A mí la vida me llevó a Barcelona, buscando un lugar lejos de hiperinflaciones y corridas bancarias.

Mantuvimos siempre una comunicación epistolar, a pesar del avance de los medios electrónicos. De vez en cuando, la llamaba;

por ejemplo, cuando nuestros padres se mudaron a Buenos Aires y se fueron a vivir al departamento de la abuela Berta, recientemente fallecida. Circunstancia que aprovechó la joven pareja —que ya tenía dos críos, Josefina y Abel (¿Viste? Como vos, hermanito)— para mudarse a nuestro antiguo hogar, algo más grande que el de ellos.

Poco y nada tenía para contarme en sus cartas, la mayoría eran quejas por la estancada vida pueblerina, rezongos contra su esposo, al parecer poco afecto al trabajo, y preguntas. Muchas preguntas.

¿Qué tan azul es el Mediterráneo? ¿Te encontraste con Joan Manuel Serrat? Si te lo encontrás, ¿podés pedirle un autógrafo y mandármelo por correo? ¿Es verdad que el jamón crudo es más rico allá?

Y así continuaba, tratando de poseer una vida que no era suya, "extrañándote horrores", soñando con un mar azul rodeado de colinas.

Yo respondía las cartas con *mails* largos, infinitos. Le detallaba mi vida, mintiéndole la mayoría de las veces acerca de mi éxito en las ventas (trabajaba en un puesto de souvenirs cerca de la Plaza Catalunya), prometiéndole ir a buscarla "apenas pudiera" para que conociera la madre patria.

Inventaba, fabulaba. Mentir es crear, de alguna manera. Mientras tanto, guardaba mis cuentos en discos rígidos y en *pendrives*, a la espera de ese editor salvador. Golpeaba puertas de editoriales, contactaba argentinos que ejercían el periodismo, rascaba de tanto en tanto algún artículo en revistuchas mínimas que firmaba con el estúpido seudónimo de Jordi Courretges, para parecer catalán.

No me iba nada bien, pero el fantasma de los muertos en las calles, la inestabilidad de un país que nunca fue estable, me aterrorizaba, me impedía retornar.

De repente, las cartas de María Rita dejaron de ser relatos costumbristas y se volvieron más oscuras, mustias. Una letra grotesca, que no respetaba el renglón, había reemplazado a esa redondez caligráfica. "Abro la ventana y veo lo mismo que vi hace veinticinco años atrás, un espacio estanco, unas arenas movedizas en las cuales estoy atrapada desde siempre".

"¿Sabés qué siento? Que este lugar es un agujero negro en el tiempo, paralizado por un rayo cósmico, y estamos así, inmovilizados por la desidia, presos, ahogándonos de a poco".

"Sueño con escapar, con cruzar el océano y alcanzarte, estar con vos y volver a la niñez que fue el lugar más seguro y confortable de mi vida".

Con la ayuda de un par de amigos, un argelino buscavidas que hacía piruetas en la Rambla y una catamarqueña casada no tan felizmente con un catalán, conseguí unos euros para viajar por una semana a Argentina.

El pueblo, tal cual lo imaginaba, estaba intacto en su dejadez, apolillado, cubierto de telas de araña. Armando me recibió preocupado: María Rita no salía de su habitación y cursaba un cuadro de depresión aguda. Él debía encargarse de los chicos, de la comida, de las tareas del hogar. Parecía exhausto. Habían consultado al servicio de psiquiatría del hospital más cercano y la habían medicado con antidepresivos, que aparentemente no la habían sacado de ese estado.

—Entrá, está en la habitación.

Aquello tirado en la cama era un despojo de ser humano. Hinchada por la medicación, el pelo gris, los dientes oscuros, mi hermana parecía un personaje extraído de una serie de terror.

No obstante, sonrió. Me acarició el pelo, me preguntó cómo estaba.

Yo esquivé la tristeza mostrándole los chocolates que les había traído a mis sobrinos, y unos perfumes comprados en el *free shop* para ella y Armando.

Mentí, una vez más, diciendo que uno de mis cuentos iba a ser publicado en una antología de una prestigiosa editorial catalana.

—Siempre escribiste lindo vos.

Le dije que me iba a quedar una semana, que tenía algunos euros para llevarla a pasear, tal vez a un cine o teatro, que saliera de la cama. Busqué rasguñar recuerdos, traerle la infancia de vuelta con anécdotas. De a ratos levantaba la cabeza, arqueaba un poco las comisuras para disfrazar una sonrisa, reacomodaba su almohada, estiraba las sábanas.

Con promesas de un viaje que nunca se iría a cumplir, logré levantarla. Mis sobrinos, en tanto, miraban como espectros el espectáculo de su madre dándose un baño, poniéndose un vestido nuevo, saliendo de su encierro.

—Es un milagro, tío, —dijo Abel, y la palabra tío rebotó contra los rincones del cuarto. Me sentí absurdo, fuera de contexto.

Recorriendo la escueta calle principal, yo tomándola del brazo —estaba muy débil, casi no se alimentaba —me dijo:

—Les tengo prohibido decirte tío. Sos Abel, mi hermano. Tío es para los hermanos de Armando, no para vos, y me sujetó con fuerza el brazo.

—Pero soy el tío...

—No. Nosotros siempre fuimos dos, solo nosotros dos. Nada más que dos. Después vinieron todos estos —señalaba al vacío, al viento frío de julio— y nos cagaron la vida. Y este pueblo, este pedazo de tierra anclado en el infierno, ¿qué querés...? si no se puede salir de acá. Es imposible. ¿No ves las rejas, los cercos? Vos te fuiste justo a tiempo, salí de acá cuanto antes, volvé a Barcelona, escapate.

Fue una semana triste, con María Rita alternando estados depresivos con tardes de euforia.

Al cabo, partí: con miedo y la promesa de un tratamiento psiquiátrico con un especialista en Buenos Aires.

Nunca volví a recibir una carta suya. Un par de meses después, Armando me confirmó su internación en el Moyano. Al año, desapareció de allí misteriosamente. Jamás más se supo de ella.

Volví a Argentina casi cinco años después de aquella semana. Con algunos euros más en el bolsillo, dispuesto a visitar a mis ancianos padres y mis sobrinos.

Con pesar, pasé por el pueblo, charlé con su esposo, comprobé cuán grandes estaban mis sobrinos, pregunté por novedades. Ninguna fuerza de seguridad ni organizaciones para la búsqueda de personas habían podido dar con ella.

—Se evaporó, hermanito, no sé. Y mirá que la buscamos por todos lados: por el interior del país, en las fronteras…

Armando me comentó que antes de la internación, estuvo encerrada en la pieza de los chicos durante todo un día. Que preguntaba por mí, que confundía el pasado con el presente, que estaba totalmente ida.

—Ya no nos pertenecía más, no sé dónde estaba, pero estaba claro que ni aquí ni ahora. Vagaba, vagaba todo el día con recuerdos que ni siquiera le eran propios. Siempre con un lápiz negro en la mano, balbuceaba palabras incomprensibles, todo el día…

Fue ahí cuando lo frené. De inmediato, corrí hasta la pieza de los chicos, cerré la puerta y me tiré al piso.

La letra era clara, redonda y prolija. Como siempre había sido. Todos los zócalos estaban escritos, de punta a punta de la habitación.

"Yo creo que te comprendo, dijo la Maga acariciándole el pelo. Vos buscás algo que no sabés lo que es. Yo también, y tampoco sé lo que es. Pero son dos cosas diferentes."

—Cortázar —grité al aire—. Rayuela —mientras las lágrimas corrían desordenadas.

Después sí, vino todo lo demás: "Querido hermano: …"

Poetisa

Nunca llevó bien lo de no haber estado para su nacimiento, así que decidió volver a nacer.

Claro que para ello entendía que primero debía morir. Recuerdo que hablando con ella una vez le pregunté, ¿cuándo pensás morir?, y me soltó bien despreocupada que solo me preocupe por el regalo que le haría para su nuevo nacimiento.

Imposible acorralarla con el lenguaje, siempre me sorprendió su capacidad de "huir hacia adelante".

Y en eso, mucho tenía que ver su naturaleza flamenca, ese construirse desde lo incierto para acabar de pie y con el pecho inflado, esa capacidad de poder transmitir con absoluta claridad la emoción, por contundente que fuera, aunque el lenguaje elegido para ello fuese totalmente distinto.

Acostumbrado a no acostumbrarme a sus puntiagudas respuestas, siempre atrapado por su desconcertante discurso, recuerdo como si fuera hoy la frase que soltó casualmente mientras caminábamos en derredor de la Sagrada Familia, acechando su arquitectura modernista con nuestras sarcásticas y agnósticas observaciones: "La locura, Jordi, —me dijo muy seria—, se produce cuando la cordura pierde los estribos. Gaudí estaba tan rematadamente cuerdo que no bastaron los tranquilizantes ni su obsesiva religión para aplacarlo: él mismo eligió un tranvía."

No me sorprendió, entonces, aquel mensaje furtivo que dejó —escrito con lápiz en una hoja de cuaderno cuadriculado— en el umbral de mi casa: "No te demores".

Recordé, con un escalofrío, otra de sus frases tan referenciales: "A mí o me encierran o me entierran", y lo decía siempre con una sonrisa en los ojos.

Y yo, *amb el meu tarannà*, representaba para ella ese pasaporte al "volver a nacer..." *¡justament a mi m'ha tocat ser jo!*

Creo que esa frase la leí de Manolito en un libro de Mafalda que ella me regaló con una dedicatoria que decía: la vida no para, queda plasmada en el sentir de su hacer.

Lo cierto es que siempre admiré su energía, su vital alegría.

No podía demorarme pues, esa noche dormí con una sonrisa húmeda en las mejillas.

Atravesé toda la ciudad para llegar a tiempo la mañana siguiente. Sabía, porque el lenguaje no era algo obligatoriamente implícito en nuestra relación, que no debía llamar a su puerta. En efecto, estaba abierta.

Recorrí sin mucha esperanza el estar, sabida era su aversión al hábito de tener muebles; en su casa no había más que una cama, dos o tres sillas, un escritorio de roble heredado de su abuelo.

Después la encontré, posada en su cama, cubierta de sangre, feliz, con sus dos muñecas cortadas.

Le dejé mi regalo a un costado —le atrajo siempre el minimalismo de Carver— la besé en la frente y le dije: Feliz nacimiento.

No me preocupé en cerrar la puerta al salir.

Una vez que sincronizamos los relojes —siempre tan cinematográfico Oscar, tan Sierra Nevada— nos tiramos a descansar y a esperar, cubiertos por el manto sigiloso de la noche. Calculábamos entre seis y siete horas de cautelosa vigilia, tapados de rocío y humedad, escondidos en la hierba espesa; arriba una luna llena delatora nos obligaba a extremar los recaudos y minimizar los movimientos.

Había sido Cristian el que, simulando una pinchadura de goma, había parado el auto en el medio del puente; mientras hacía maniobras con el crique, puteando y mirando para todos lados, Germán se había escabullido por atrás e instalado todas las cargas.

Un camionero casi nos caga el plan cuando paró su Scania y se bajó dispuesto a dar una mano. Vimos la mano tensa de Cristian dirigirse al bolsillo del pantalón y pensamos —todos, sin excepción—: Ahora lo caga a tiros; pero después lo arregló con un gesto de la mano, como explicando que tenía todo bajo control, que no se preocupara. El tipo miró para todos lados, pegó media vuelta no sin antes ofrecerse a avisar en el próximo puesto, cuarenta kilómetros río abajo.

Hubiera sido una miserable paradoja, tanta planificación e inteligencia ir a parar al inodoro por la solidaridad de un camionero.

La revolución tiene senderos inestimables; un día nuevo era otro desafío para el azar, un reto insolente al destino.

Finalmente, el Renault 12 de Cristian se alejó ruta abajo con dos bocinazos (señal que las cargas habían sido instaladas, un bocinazo largo hubiera significado abortar la misión), y nosotros nos quedamos allí, esperando, con nuestros trajes de neoprene ya puestos para lanzarnos al río una vez que el puente hubiera volado a la mierda y dispersarnos cada uno por su lado.

—Cómo es eso de la moneda, —me preguntó Enrique que para transitar su síndrome de abstinencia se llevaba un cigarrillo apagado a la boca cada media hora y aspiraba como si estuviera fumando.

Boca abajo, mirábamos el infinito, el follaje impenetrable con las armas cargadas, transpirados y sacándonos algún que otro bicho que se nos pegaba a la cara.

—Cosas de mi vieja.

—Dale, contá, boludo, que tenemos toda la noche. —Enrique cerró los ojos imaginando la punta de su cigarrillo en brasas, quemando tabaco rubio.

—Cosas de mi vieja, te digo. Ella es así. Pasa que yo era requilombero de pendejo, un desastre. Una tarde me estaba curando el empacho, andaba sin ganas de comer, pasado de fritos y dulces.

Y en aquella época al médico se iba solo con más de 39 de fiebre, y más donde vivíamos nosotros, en los suburbios. Así que por cualquier malestar del cuerpo la vieja sacaba la soguita, la extendía hasta mi pecho y empezaba un ritual de rezos y palabras incomprensibles, yendo y viniendo, en trance, segura de su ciencia.

—Vos te cagabas de risa.

—Más o menos. Mucho no podía hablar, era como un momento medio místico para ella.

—¿Tonces?

—Entonces cuando termina su labor me ve una marca —un moretón— debajo de la tetilla izquierda. Y esto qué es, me dice. Yo le dije que me había caído jugando al fútbol. Una gilada. Vos te peleaste, me retrucó, y cuando la vieja te miraba a los ojos era imposible mentirle.

—Y era verdad, nomás.

—Obvio. Me había cagado a trompadas con un salame de otro grado, ya ni me acuerdo por qué; de pendejo vivía magullado, con cicatrices de golpes y raspaduras por todo el cuerpo. Todo el tiempo bardo, toda la mañana en Dirección. Un desastre. Y mirá que mi viejo me zurraba para todo el campeonato, pero no había caso; el caos era como un imán para mí, me llamaba, me atraía cualquier brote anárquico; donde estallaba el barullo, tenía que estar yo en el medio.

—¿Alguien trajo mate?

—¿Vos te creés que esto es un campamento? ¿Te cuento o no te cuento?

—Dale, seguí.

—Entonces la vieja agarra una moneda grande, dorada, si mal no recuerdo una de diez pesos, del reverso tenía un sol enorme; la mete en una bolsita de paño y me la cose a un calzoncillo. Después me da un beso en la frente y me dice que siempre que me fuera a meter en quilombos, no olvidara de usar la moneda en el calzón. Que nunca me iba a pasar nada porque me iba a proteger de todos los peligros.

—Como un talismán.

—Algo así. Y yo, pibe de barrio, flojo para el estudio, presto para la guerra, acaté ciegamente.

—Che, ni un puto auto pasa por acá.

—Mejor.

Algo se movió entre la vegetación. Todos nos tensamos y llevamos el dedo al gatillo. Emergiendo tras la enramada, asomó el hocico una comadreja. Al avistarnos, se congeló, y durante algunos segundos nos estuvimos mirando fijo.

—La bajo y la hacemos al escabeche.

—Dejate de joder, sin disparos ni quilombos —tronó la voz del comandante.

Hizo algunos pasos vacilantes, casi deslizándose entre la hierba, olisqueó algunas ramas y —sin presa a la vista y con cinco tipos apuntándole a la cabeza— tomó la sensata decisión de buscar comida en otros lares.

—A mí me das un bicho y en cinco minutos te preparo un guiso.

—Comadreja, qué asco.

—Se ve que no te criaste en el campo vos… Che, ¿Pudiste comprobar los poderes mágicos de la moneda?

Ya reinaba el silencio. Algunas gotas de rocío caían de los árboles y pegaban contra las hojas, emitiendo un tic toc fastidioso.

—¡Uh! Unas cuantas veces. Magia de madres, ¿viste? Creer o reventar.

—¿Por ejemplo?

—¿Qué te puedo decir…? En la infancia y adolescencia, miles de veces. De escaramuzas y trompadas en los partidos de fútbol te puedo contar doscientas. Todos los jugadores con el ojo en compota o la nariz sangrando y yo intacto. Y mirá que jugaba de *wing*, era chiquito, escurridizo y medio sobrador, los defensores me cagaban a patadas sin misericordia.

—O sea que ya eras rompebolas de chiquito.

—Mi viejo se agarraba la cabeza, me decía "Te van a quebrar a vos, pará de hablar". Pero vos sabés que no me pasó nunca nada, y te digo que a veces las patadas me revoleaban cinco o seis metros para afuera de la cancha, pero qué se yo, sería la forma de caer, o que tengo los huesos medio blandos…

—O la moneda en el calzón.

Alguien pasa un jarro con algo caliente. Tomamos de a sorbos, parece café, sabe horrible, pero en el fresco de la noche nos viene muy bien.

—¿A qué hora pasarían estos?

—Entre las seis y media y las siete de la mañana.

—La puta madre, falta todavía. Y hablando de suerte, ¿Es verdad lo de la anécdota del supermercado?

Hablábamos despacio, casi en susurros. Las voces se perdían entre el eco de la noche y el canto de las cigarras.

—Es verdad. Fue al principio de todo, cuando se empezó a armar la rosca. Mi brigada estaba compuesta de pendejos, seríamos unos cinco, y al mando Carlos, un tipo experimentado que ya había salido bien parado allá en la toma de cuarteles en Chaco.

Pero básicamente éramos pendejos, yo debía tener diecisiete recién cumplidos, había mandado el secundario a la mierda.

Nos dijeron que teníamos que ir a la estación de Santos Lugares a encontrarnos con no sé quién para encarar un golpe no sé dónde. Así se manejaban las cosas. Y fuimos todos, siguiendo a Carlos, el líder, recontra enfierrados, contentos porque todos teníamos ganas de armar quilombo, en un Citröen todo destartalado, color verde que hacía ruido por todos lados. Al llegar a las cercanías, empezamos a notar algo extraño: muy poca gente yirando, a pesar de que eran las ocho de la mañana, hora en que todo el mundo sale a laburar. Cuando vimos el puesto de diarios de la estación cerrado, Carlos dio la orden de dispersarse: la cita había sido cantada.

—Tenían un buchón adentro.

—Teníamos milicos metidos hasta en el baño, era un desastre, como todos los comienzos: improvisación, desorganización…

La cosa es que empezamos a caminar despacio, haciéndonos los boludos. Yo caminé mirando para abajo con las manos en los bolsillos y el seguro de la nueve ya corrido creo que hasta la General Paz, donde tomé un bondi como si nada. Po supuesto, tenía la moneda cosida al calzón.

—¿Carlos?

—Carlos se había olvidado la pastilla, así que se tiró abajo del tren. No había forma de zafar una vez que te agarraban. Otro de los nuestros fue abatido en las inmediaciones. La cosa es que nos juntamos dos o tres días después, los tres que quedábamos. Por supuesto, no sabíamos qué mierda hacer, siempre te decían que había que esperar instrucciones, así que como obedientes revolucionarios, nos sentamos a esperar. Parábamos en una casa que estaba en los fondos de otra por Villa Celina. Invierno. Imaginate. Sin calefacción. Tres pibes, el mayor tendría veinte.

—¡Cómo zafaste!

—Dejame terminar. Pasaron los días, pasaron semanas. Nosotros por las dudas casi ni salíamos, dormíamos uno pegado a otro en bolsas de dormir, cagados de frío. La plata empezó a escasear, hasta que finalmente ninguno de los tres tenía un centavo en el bolsillo. Al cabo de una semana, tampoco nos quedó comida. Lo único que teníamos eran los fierros. Así fue que después de dos días sin comer, me paré y les dije a todos que agarraran las armas que nos íbamos al super de la vuelta a afanar comida.

—Me jodés.

A lo lejos, se escuchó el ruido de un motor. Todos nos tensamos, martillamos los fusiles. Entre el follaje, asomó la trompa de una camioneta cuatro por cuatro, flamante.

—Vamos a afanarnos esta, chabón.

El comandante le soltó un sonoro cachetazo a Esteban.

—Revolución no es robar, estúpido. Revolución es cambio, es tratar que las utopías se hagan realidad. Seamos realistas…

—Pidamos lo imposible, —repetimos todos a coro la frase que el comandante nos repetía cada cinco minutos en las reuniones de doctrina.

Finalmente, y a gran velocidad, la camioneta se perdió en la noche.

—Seguime contando del afano, vos que pedís lo imposible y todas esas cosas.

Tomé el último sorbo de café.

—Cuando llegue al Paraíso, si llego y es verdad todo lo que me contaban en el colegio parroquial, lo primero que le voy a pedir a Dios es un café decente. Y después, que te ubique a vos lo más lejos posible de mi presencia.

—Para lo que voy a durar yo allí arriba, rodeado de angelitos y arpas… dejame de joder, a mí mandame al calor eterno con putas y *whisky*. Seguí, boludo.

—Resulta que en ese entonces no había todavía muchos super por Celina. Había un chino y otro más a dos cuadras. Yo era el cabecilla, los otros dos, algo mayores que yo, todavía estaban todos cagados por lo que había pasado en la estación. Al chino no, ordené. Vamos a tener problemas de comunicación, dije como si fuera el General Mac Arthur. Los otros dos abrieron los ojos como un dos de oro. ¿Vamos a afanarle a Don Ramón?, me decían con angustia mientras recorríamos esas dos cuadras. Encima llovía, había neblina, hacía un frío de cagarse. Bueno, llegamos al super y cargamos un chango con lo básico: azúcar, yerba, galletitas, latas, pan. Nada sofisticado.

—Guerrilleros *low cost*.

—Ponele. Don Ramón nos saludó, ya nos conocía, pobre. Siempre comprábamos pan lactal, jamón, queso de máquina y mayonesa. Coca, cuando sobraba plata, si no, tomábamos soda. Bueno, esperamos que el super estuviera despoblado, era temprano, tipo nueve de la mañana, y ahí nomás sacamos los fierros y le dije a Don Ramón con mi voz de adolescente púber: Esto es una toma de víveres para la revolución, Don Ramón. No se mueva.

—Pará, pará. ¿Es verdad? ¿Qué hizo el viejo?

—Ciento por ciento verdad. Te imaginás, no podía creerlo. Tres criaturas armadas como para tomar la cárcel de Devoto. Se quedó helado el viejo. ¿Qué están haciendo? Nos preguntó. Nosotros, serios, como si fuese algo de vida o muerte. Había mandado a uno a la puerta por las dudas para vigilar que no entre nadie, se lo escuchaba discutir con una vieja que tenía que comprar manteca; la vieja a los gritos queriendo entrar y el otro que no tiene mejor idea que decirle que estaba cerrado por balance, que en cinco minutos iba a abrir, y la vieja diciéndole mocoso de mierda dejame entrar, quién sos vos para impedirme el paso, y el otro dale con el balance y los contadores, y la vieja voy a llamar a la policía vas a ver y ahí el chabón se cansó, le puso el fierro en la frente y le dijo entrá vieja del orto y callate la boca porque te voy a hacer el amor acá mismo.

Enrique se tapó la boca, reprimió una carcajada.

—Me muero, boludo.

—Posta que fue así. Bueno, el panorama era Don Ramón que pensaba me están afanando tres criaturas, la vieja a los gritos a pesar de tener la boca tapada diciendo que nadie le iba a quitar su virginidad, y nosotros tres queriéndonos rajar. El tema es que saco papel y lápiz y le digo a Don Ramón que anote todo lo que llevamos. El viejo se pellizcaba, no lo podía creer. ¿Todo? Me pregunta. El pan te lo puedo fiar, Pablito. ¡Sabía mi nombre! Yo, serio, cara de revolucionario destinado a grandes cosas, le recalco: *Todo, Don Ramón. Absolutamente todo.*

El viejo hace la cuenta y me la entrega en un papel: Trescientos veintiséis pesos con cuarenta centavos. Una fortuna para nosotros. Yo tomo el papel, le pido el lápiz amablemente y pongo al dorso: "Esta factura será pagada por el futuro Gobierno Revolucionario cuando triunfe nuestra lucha armada" y firmo: Capitán Camilo, por Camilo Cienfuegos, porque todos teníamos que tener un nombre de guerra y yo ni siquiera tenía uno.

El viejo casi se desmaya.

—¿Cómo hicieron para escaparse?

—Nada, si éramos unos inconscientes cagados de hambre… Los llevamos amablemente hasta el fondo, los atamos pidiéndoles disculpas, especialmente a la vieja que seguía pataleando y gritando que no la tocaran, y salimos a los piques. Obviamente, a los diez minutos estaba la cana por todo el barrio buscándonos.

—¿Los encontraron?

—¿Estoy enfrente tuyo o soy un espectro? ¿Sos boludo?

—Bueno, pero quiero decir, a lo mejor habían atrapado a alguno de ustedes…

—Nada. Morfamos tres días como si fuéramos los reyes de Arabia hasta que cayó un cuadro pesado, creo que era un domingo, y nos cargó a todos en un rastrojero hecho pedazos y nos llevó hasta Luján, a otro aguantadero. Por supuesto, en todo momento me acordaba de la vieja y la moneda, que obviamente tenía cosida al calzón.

—Mirá vos, qué increíble…

—Revolución también es absurdo.

Después el silencio cayó sobre nosotros, como una frazada, apelmazando nuestra lengua, llevándonos a una hibernación controlada, fijando nuestros ojos en el camino allá adelante, donde había entre las sombras un puente que cortaba la espesura, un puente que cruzaba un río sin pretensiones, cubierto de cargas de dinamita.

—¿Qué pensás? ¿Zafamos de esta, compañero? —Me pregunta Enrique.

Yo miro para adelante, fusil en mano mientras el sol amaga con salir, y palpo allá abajo, en la entrepierna el metal redondo, frío, la costura que lo mantiene sujeto, y pienso en la vieja con la soguita acercándose al pecho, balbuceando concentrada; y veo un patio de colegio cubierto de escarcha, muchos años atrás, en un amanecer tan parecido a este, y tengo la seguridad de responderle, apuntando al infinito, mirando un puente que en un rato va a volar por los aires, que sí, que vamos a zafar, que no se preocupe.

Acerca de las decisiones que se toman a último momento

Digamos que era un hombre "tenue", en la época de esa vital crueldad adolescente, (a la educación secundaria me refiero), lo llamaban "Gustavo, el nabo".

Dueño de una pulcritud escrupulosa que no evitaba la gomina y los lustros zapatos de charol, era notable en las asignaturas que involucraban a su pensamiento científico, escaso en lo que tuviera que ver con el arte, y nulo en toda actividad física.

Y aquel circunspecto adolescente no devendría en un adulto ávido en su vida social, era definitivamente solitario; más de un compañero de trabajo hubiera puesto las manos en el fuego por asegurar que era y moriría virgen.

En definitiva, no era en absoluto el prototipo de hombre carismático y seductor, más bien un personaje insignificante.

Y pese a ello, aquel día consiguió una notoriedad impensada.

Sucedió durante la toma de rehenes en el Banco Interamericano. Por decisiones del azar, Gustavo se encontraba allí tramitando algo para su madre: cargaba en sus huesos una excesiva dosis de apego familiar, a la cual jamás se había resistido. Escuchó unos aullidos guturales, unas voces gritando algo que no pudo descifrar, y después dos o tres balazos disparados al aire que impactaron contra el cielorraso del local, desprendiendo trozos desiguales de yeso.

Pronto se vio maniatado, boca abajo, junto con otros diez rehenes. Los delincuentes, encapuchados, cumplían su faena en silencio, llenando grandes sacos con fajos de dinero.

Uno de ellos preguntó cuánto tiempo les quedaba, otro respondió que menos de tres minutos. Parecían actuar con profesionalismo y rapidez.

Un rehén hizo un movimiento imprudente, un balanceo, buscando algo en el bolsillo de su saco. Fue velozmente reprimido por una voz de mujer, pateándole el trasero con una advertencia: ¡Los héroes solo triunfan en las películas, imbécil!

Gustavo reconoció de inmediato el tono áspero, la leve suspensión de las eses, la voz aguardentosa.

—¿Eugenia?

Y tu puta madre, ahora hay que matar a uno, dijo con cierto sarcasmo uno de los ladrones, definitivamente el más voluminoso de ellos.

Sin pensarlo miró hacia Gustavo y disparó.

Un disparo disuasorio a juzgar por el metro que separó al rehén bocazas del agujero del impacto.

—¿Qué hacés, surubí?, —gritó Eugenia.

El mastodonte encapuchado montó en cólera y descargó el cargador de su arma automática contra el techo provocando una lluvia de yeso que no era menor al pánico que dominaba a los rehenes.

Agarró con una mano a Gustavo como si fuera un paquete ligero y con la otra empujó a Eugenia hacia lo que parecía la oficina de la directora de la sucursal bancaria.

Pateó la puerta con rudeza y los encerró al tiempo que decía: tienen 5 minutos para recordar tiempos pasados, par de imbéciles, después pienso si los mato o qué carajo hago.

Eugenia se sacó la capucha: sí, era tal cual Gustavo la recordaba, una morocha intensa de labios carnosos y mirada penetrante. Siempre con un pucho en una mano, y un discurso anti algo en la otra. La más linda y la más revoltosa de la facultad.

Este pibe no cambió una mierda. Eugenia miraba a Gustavo y a su reloj, contando los minutos que le quedaban, minutos que podían significar la muerte o la redención. Espió por debajo de su camisa, y constató: aún vestía musculosas blancas debajo de estas, era realmente alguien que se había detenido en el tiempo. El mismo surubí de la universidad.

Ella tomó su cara con las manos y lo besó largamente, con una ternura que jamás volvió a sentir.

—¿Qué hacemos, entonces?, —le preguntó.

Gustavo entendió todo.

—¿Les sobra una capucha?

Un poco de amor francés

Existe una panadería, perdida entre las arcanas callejas del coqueto barrio de Le Marais, en París, que dice tener —y por ende cocinar con esta todas sus exquisiteces— una masa madre que tiene más de cien años.

Voces anónimas fueron transmitiendo esta leyenda de generación en generación; no fueron pocos los que cayeron en las redes del escepticismo, e impulsados por el fantasma de la desconfianza, se aventuraron a ir en busca de este misterioso lugar.

Lo cierto es que jamás fue descubierto, y el mito, alimentado por la saciedad de sus depredadores y esparcido por el viento, llegó hasta a los oídos de mi gran amigo Hugo.

—Aprovechá ahora que viajás y andá a conocerla, —me suplicó mientras sacaba del horno un vistoso y apetecible pan integral. Nos hermanaba el gusto por la cocina, las desdichas amorosas y el cabernet sauvignon.

El encanto etílico fue fluyendo con la noche; tejimos, histriónicos, hipótesis absurdas: un robo furtivo del preciado material, el retorno clandestino al país con muestras escondidas en una valija de doble fondo, y por fin, la revelación del descubrimiento ante la prensa mundial.

Finalmente, un congreso médico —aburrido, previsible— me llevó hasta París. Diserté sin entusiasmo acerca de la antibioticoterapia en infecciones graves: un tema remanido que logró cosechar unos tibios aplausos y mucho desinterés. Concluido el encuentro, me dediqué a vagar por las bonitas calles de Le Marais; fui y vine por la Rue Rivoli infinidad de veces, buscando pistas y preguntando a transeúntes en mi primitivo francés la ubicación de *une ancienne boulangerie*.

Sobró tiempo para sucumbir al hechizo de los *macarons* de pistacho, para disfrutar un increíble *filet mignon* en Chez Josephine, frente a una plaza donde un solitario saxofonista lloraba el "Hallelujah" de Leonard Cohen en el medio de la nada.

And I've seen your flag on the marble arch
And love is not a victory march
It's a cold and it's a broken Hallelujah

Combatí la sobredosis de melancolía de la mejor manera: huyendo hacia el hotel donde, por azar, me topé con Roland Barthes, un colega francés que se las ingenia bastante bien con el castellano. Saludos de rigor, impresiones sobre el congreso y poco después la invitación a cenar a su casa, a pocas cuadras de allí.

Sostuvimos conversaciones triviales hasta el postre: la profesión, la educación de los hijos, el tránsito en las horas pico. Preguntó con curiosidad qué es lo que iba a hacer en los pocos días que me quedaban en la ciudad. Tuve la intención de mentirle, pero las tres copas de un nacarado *brandy* pudieron más: confesé sin pudores la intención de encontrar el recóndito escondite de la venerada y centenaria masa madre custodiada en algún rincón de Le Marais.

Pensé que iba a reírse, o a tildarme de borracho irreparable, pero no; me dijo "vamos" con la cara más seria que pudo y así, casi sin proponérmelo, salimos a la calle y comenzamos a caminar por las desiertas calles del barrio. Debo confesar que atravesamos decenas de callejones y doblamos una y cien veces por lugares que desconocía. Después lo supe: Le Marais es un laberinto y quien se pierde en su trazado, puede que nunca retorne a su hogar.

A punto estaba por abandonar mi empresa —había comenzado a refrescar y ya se sabe cómo es París cuando anochece, algo lúgubre e inhóspita— cuando llegamos a un edificio de departamentos sencillo, vecino a lo que parecía ser un local de venta de bicicletas o rodados. Me pidió silencio e hizo un llamado. Habló con alguien en un francés muy cerrado y esperamos en la calle unos interminables minutos.

Finalmente, una señora —tal vez entre los cincuenta y sesenta años, delantal en mano, pequeña, algo enjuta— bajó para abrirnos la puerta. Subimos los cuatro pisos por escalera (*Estamos pog llegag, estamos pog llegag*, bromeaba en ese castellano tan Cortázar escuchando mis jadeos desesperados) hasta alcanzar un amplio departamento que ocupaba toda la planta. Saludó a un par de —intuyo— amigos o conocidos; perdidas entre tantas palabras en francés escuché *mon ami l'argentin*. Saludé con timidez y me condujeron hasta una de las salas, pequeña y tenuemente iluminada. Sus amigos y la señora que nos había recibido se retiraron y nos dejaron solos. Me midió con una mirada inquisidora, arqueando las cejas, respirando hondo antes de decir:

—Los ojos no saben guardar secretos.

Caminó dos pasos hasta una de esas viejas heladeras de madera, arcaica y majestuosa. Volvió con un tarro grande, de unos 40 centímetros de alto, en cuyo interior burbujeaba una masa cerebriforme, color tiza.

La miré un rato largo, parecía un pulpo desarmado cuyos tentáculos respiraban en el interior del frasco provocando movimientos oscilantes, similares a los que puede hacer la lava antes de escupir su fuego al exterior.

Subyugado por ese ser vivo que parecía querer salir del frasco, escuché (¿o lo soñé?) de los labios de Roland una historia inverosímil acerca de una supuesta Logia, él mismo afirmó ser uno de sus miembros, dedicada a custodiar eso que tenía delante de mis ojos y que, según le habían contado —afirmación incomprobable pero era de noche, era París, era la masa madre—, se había creado en 1896, en los fondos de una antigua panadería que "las bombas del Tercer Reich destruyeron por completo".

Puse la mano sobre la superficie del vidrio: sentí latidos, un vigor pulsátil, una presencia siniestra que me atemorizó.

Pedí salir, el límite entre lo real y lo virtual se estaba haciendo cada vez más estrecho. Roland tuvo la deferencia de acompañarme hasta la puerta del hotel. Cargaba una de esas bolsas de papel color madera, tan comunes en las panaderías.

—Que tu boca no diga jamás lo que tus ojos han visto, —me dijo despidiéndome con un apretón de manos. Me entregó la bolsa, miré hacia el interior.

—*Baguette* recién horneada, —sonrió—. Hija de una masa madre de casi cien años. —Después de un incómodo silencio, agregó: —¿Cuento con tu discreción?

Bromeé: —Lo que pasa en París, queda en París.

Preso de un súbito deseo, devoré la baguette en el ascensor. Confieso: en mi vida probé pan tan delicado, esponjoso y crocante. Tuve la sensación —y esto se lo debo pura y exclusivamente a la sugestión— que en su interior, la miga gemía, gritaba algo que no pude —o no quise— entender.

Después me fui a dormir pensando en mi amigo Hugo, en cómo y de qué manera iba a ocultarle mi hallazgo.

Ya se me iba a ocurrir algo.

Índice

Niña Pez
EDICIONES

Niña Pez
EDICIONES

Este libro se terminó de imprimir en noviembre de 2020,
en Buenos Aires, Argentina.